Gakken
保育
Books

現場の「ほしい！」が詰まった、
最強アイディア集

遊びが つながる・広がる！ シアター12か月

1つのテーマが「シアター・歌・遊び・製作」に！

松本さや 著

JN042257

はじめに

　保育の引き出しを増やしたい、歌も遊びも製作ももっと学びたい、でも、日々の業務をこなすのに精一杯、研修に参加しても、結局、うまく実践にいかせない…。こんな悩みを抱えていました。

　通常、遊びは遊び、歌は歌、シアターはシアター…と、それぞれのアイディアが独立していることが多く、ひとつひとつ覚えなければなりません。そこで、1つのテーマから、シアターもできるし歌もうたえる、集団遊びもできる、製作にもつながる、というような本ができないかな…と思って作ったのが本書です！　内容を関連して覚えられるので、効率的に保育技術が身につきます。

　今日はシアターをやってみよう、子どもの反応次第で、明日は集団遊びにつなげてもいいな、などと、保育の展開を考えやすく、目の前の子どもの姿に合わせて臨機応変に対応できる余裕も生まれます。シアター部分には、ねらいと導入も書いているので、指導計画に落とし込みやすく、保育のイメージがしやすいです。

　私自身、大勢の人前に立って何かをしたり、シアターを披露したりすることが苦手でした…。子どもたちに楽しんでほしい気持ちはあるけれど、派手な表現は難しいし、セリフ通りに演じようと覚えるのも大変でした。そこで、自分で演じやすいものを考えて作ってみることにしました。シアターの構造はシンプルだけど楽しい仕掛けがあり、歌に合わせて展開できるものです。本書の素材データと同様の画用紙の貼り絵で作成し、手作り感とあたたかみが伝わるようにしました。すると、子どもたちの反応が良く、とても喜んでくれました。そんな思い入れのあるシアターをInstagramに投稿したところ、多くの保育者さんから大きな反響がありました！　私と同じように日々悩んだり困ったりしている人がいることを知りました。

　本書で紹介しているアイディアを、ぜひ、日々の保育にいかしていただけたらと思います。

　現役の保育士だからこそ、現場の困り感を解決し、「こうするともっと楽しくなる！」、そんなアイディアや情報を、これからも発信して、保育の楽しさを届けていきたいと思っています。

インスタグラマー　現役保育士345
松本さや

この本の見方

本書は、春、夏、秋、冬、いつでも、の5つのカテゴリーに分かれています。それぞれテーマを設けており、そのテーマから「①シアター」「②歌・遊び」「③製作」に広がるよう、構成されています。

※時間や対象年齢は目安です。目の前の子どもに合わせて調整してください。

1 シアター

「作品のねらい」「対象」、演じるのに必要な「時間」「準備するもの」「作り方」を掲載しています。素材の絵は、二次元コードからダウンロードし、使用したいサイズに調整してお使いください。 ※本書のスケッチブックシアターは、すべてB4サイズに拡大して使用しています。(A4→B4：122%)

2 歌・遊び

メロディー譜つきのふれあい遊び（手遊び）と集団遊びを紹介しています。いずれも、準備いらずで、すぐに遊べます。巻末には、取り外せる伴奏譜をつけています。

3 製作

テーマに即した製作案を紹介しています。型紙があるものは、「➡型紙」と記載しています。二次元コードからダウンロードし、使用したいサイズに調整してお使いください。

⚠ 安全に関する注意事項

- 本書で推奨される素材や道具については、保育者の見守りの目がある中で使用されることを想定しています。必ず保育者の目の届くところで行ってください。
- はさみを使う活動では、最初に使用時の注意点をよく説明し、使用している子どもから目を離さないでください。
- 誤飲・誤嚥・誤食につながる小さな素材の扱いには、注意してください。
- 絵の具、のり、接着剤、植物など直接体にふれるものは、アレルギー等に注意してください。また、子どもが植物を口に入れたりしないよう、注意してください。使用後は必ず手を洗うようにご指導ください。
- モールを使用する場合は、先端の針金が出ていないか注意してください。
- ひも、またはひも状のものを使用する場合は、子どもの手指や首、体に巻きつかないように注意してください。
- 壁にはりつけるものは、外れないようにしっかり固定してください。

絵と型紙はココから ダウンロード！

［ご利用の前に必ずお読みください］

●シアターで使う絵と型紙について
- データはA4サイズのPDFになります。PDFファイルをご覧いただく場合には、アドビ社のAdobe Acrobat Reader、またはAdobe Acrobatが必要です。お持ちでない場合は、アドビ社の公式サイトより、Adobe Acrobat Reader(無償)をダウンロードしてください。
- 本データをご利用になったことで発生した直接的、間接的、また波及効果によるいかなる損害に対しても弊社および著作権者は一切の責任を負わないものとします。
※Adobe Acrobat Readerは、Adobe Systems Incorporatedの登録商標です。

●データの使用許諾と禁止事項
- 弊社は、イラストデータの著作権を管理しています。
- 収録されているデータは、ご購入された個人または法人・団体が、私的範囲内及び施設範囲内で、営利目的以外で自由にお使いいただけます。
- 園児などの募集、園(施設・団体)のPR、販売を目的とした出版物、私的及び施設範囲を超えた出版物、ホームページなどのすべてのウェブサイトでの使用はできません。
- 使用権者であっても、ダウンロードしたデータを複製し、転載、貸与、販売、賃貸、頒布することを禁止します。

CONTENTS

こんな時、どんな顔？

表情をテーマにしています。新しい友だちや先生と出会い、ドキドキ・ワクワクの気持ちを様々な表情で表現する子どもたち。自分や相手の気持ちに気づけるように援助しましょう。

1 スケッチブックシアター

作品のねらい 0・1・2歳児：保育者と一緒に手遊びやシアターを楽しみ、表情の豊かさを感じる。
3・4・5歳児：保育者や友だちと心を通わせる喜びに気がつき、手遊びを楽しむ。

対象 0・1・2・3・4・5歳児　**時間** 約15分

準備するもの 印刷した絵、スケッチブック

作り方　共通▶印刷した絵を各ページにバランスよくはる。

<1枚目>
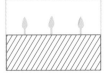
2枚目の茎とつながるように、斜線部を切り取る。

<4枚目>

<7枚目>

<10枚目>

園名を書く。

<13枚目>

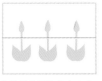

<5枚目>
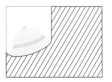
6枚目の虫が隠れるように、斜線部を切り取る。

<8枚目>

<11枚目>
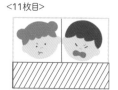
赤線で切り、12枚目の本が見えるよう、斜線部を切り取る。

2枚目と重ねたところ。

<2枚目>

<6枚目>

6枚目と重ねたところ。

<9枚目>

10枚目の園舎がのぞくように斜線部を切り抜く。

12枚目と重ねたところ。

<3枚目>

<6枚目>

名札に名前を書く。

10枚目と重ねたところ。

<12枚目>

導入

シアターの前に、子どもが表情に注目できるよう、保育者が両手で自分の顔を隠し、「〇〇先生の顔を知っているお友だちー！」「はじめましてのお友だちー！」などと言葉をかけ、子どもたちとやりとりをします。

① 保育者は「♪こんな時、どんな顔？」（p.12）の「わらった」の部分を「せんせいの」にかえて歌う。
♪せんせいのかおは　どんなかお　せんせいのかおは　どんなかお
せんせいのかおは　どんなかお　さん　に　いち　こんなかお

② 「〇〇先生の顔は、こんな顔でした！　〇〇先生の顔を覚えてくれるとうれしいな。今日は笑った顔や驚いた顔が出てくるお話をするよ」

演じ方　※0・1・2歳児には、シアターの歌の部分を行い、表情を楽しめるようにします。

① **1枚目を出す。**

保育者▶こんなところにチューリップを見つけた！
だけど、まだつぼみだね？
何色のチューリップが咲くかな？

上の絵をめくる。

② 保育者▶黄色、ピンク色、オレンジ色のチューリップが咲いたね！
チューリップが咲いて、先生はニコニコ顔になったよ。
今度は「せーの」で、みんなの笑顔を見せてね。せーの！

子どもたちの反応を待つ。

保育者▶みんなの笑った顔がよく見えたよ。
それじゃあ、今度は歌に合わせて、今よりももっともっと笑顔を見せてね！

絵をめくる。

③ 保育者▶まずは両手で顔を隠すよ。

子どもたちは、顔を手で覆う。

保育者がスケッチブックを揺らしながら、「♪こんな時、どんな顔?」(p.12)を歌う。

♪わらったかおは　どんなかお
　わらったかおは　どんなかお
　わらったかおは　どんなかお
　さん　に　いち　こんなかお

子どもたちは、「こんなかお」で笑顔を見せる。

保育者は、絵をめくる。

④ 保育者▶ま、まぶしい!　みんなのキラキラ笑顔がまぶしいよ〜!
みんなの笑顔を見ることができて、先生もうれしい気持ちになったよ。
お友だちの笑顔を見ると、自分もうれしい気持ちになるね!

絵をめくる。

⑤ 保育者▶さあ、今度はみんなで〇〇園に行く準備をするよ!
帽子とかばんと名札を用意して、準備もばっちり。
帽子をかぶって行ってきまーす。

帽子の絵をめくる。

⑥ **保育者▶**わぁ～!!　驚いた!
帽子の下にあおむしさんが隠れてた!
あおむしさんも○○園に行くところだったのかな?
みんなはびっくりした時、どんな顔になる?
歌に合わせて、びっくりした時の顔を見せてね!

絵をめくる。

⑦ 「わらった」の部分を「おどろいた」にかえて、保育者がスケッチブックを揺らしながら歌う。

♪おどろいたかおは　どんなかお
　おどろいたかおは　どんなかお
　おどろいたかおは　どんなかお
　さん　に　いち　こんなかお

**子どもたちは、顔を手で覆い、
「こんなかお」で驚いた顔を見せる。**

保育者は、絵をめくる。

⑧ **保育者▶**みんな、目がまん丸になってる～!
よーく見ると、あおむしさんも目がまん丸の
驚いた顔をしているね。

絵をめくる。

目がまん丸になってる～!

⑨ 保育者▶準備もできたし、バスに乗って〇〇園に
出発！　ブップー。

絵をめくって、バスを園舎に変身させる。

出発！

⑩ 保育者▶〇〇園に着いたよ！
あれ？　なんだか声が聞こえるね…。

女の子▶私が先に見てた！

男の子▶違う！　ぼくが先だよ！

絵をめくる。

⑪ 保育者▶大変！　絵本の取り合いでけんかになって
る!!　2人は、どんな顔をしているかな？

子どもたちとやりとりする。

保育者▶そうだね。2人ともプンプン怒った顔だね。

**「わらった」の部分を「おこった」にかえて、保育者
が歌う。**

♪おこったかおは　どんなかお
　おこったかおは　どんなかお
　おこったかおは　どんなかお
　さん　に　いち　こんなかお

女の子の絵をめくる。

けんかになってる!!

(12) **女の子▶** えーん、えーん。

保育者▶ あれあれ？　女の子が泣いちゃったね。

男の子の絵をめくる。

えーん、えーん。

(13) **保育者▶** 男の子も困った顔をしているね。
みんなはこんな時、どうしたらいいと思う？

子どもたちとやりとりする。

保育者▶ 先生、2人に「一緒に見るのはどうかな？」
って伝えてみるね！

2人に話しかける振りをする。

保育者▶ 仲直りできそうかな。ドキドキ…。

絵をめくる。

(14) **女の子▶** さっきはごめんね。

男の子▶ うん。絵本、一緒に見よう！

保育者▶ 2人とも、笑顔になってよかった。

驚いた顔、怒った顔、困った顔、いろいろな顔があっ
たけど、やっぱり笑顔が一番だね！

おしまい

よかったね！

① **こんな時、どんな顔？**

子ども同士、または子どもと保育者で行います。入園や進級時の自己紹介にもぴったりです。

対象 0・1・2・3・4・5歳児

遊び方 「顔を手で隠す→手を広げる」を繰り返し、いろいろな表情をして楽しみましょう。0・1・2歳児には、保育者が子どもにやって見せます。

♪わらったかおは どんなかお
（3回繰り返す）

♪さん　に　いち

♪こんなかお

❶両手で顔を隠し、歌に合わせて左右に揺れる。

❷動きを止める。

❸にっこり笑って両手を上げる。

バリエーション シアターに出てくる、「わらった」「おどろいた」「おこった」のほか、子どもから出た言葉をあてはめて歌います。子どもがお互いの表情を見て、相手の気持ちを理解するきっかけになります。

こんな時、どんな顔？

作詞：松本さや　作曲：松本さや・こぱん

② 「こんな時、どんな顔？」当てっこゲーム

いろいろなシチュエーションを設定し、気持ちによってどんな表情になるかをみんなでやってみましょう。

対象 3・4・5歳児

遊び方

❶代表の子ども3人が、みんなの前に立つ。

❷3人は両手で顔を隠す。

❸保育者が「〇〇の時、どんな顔？」とお題を出す。
例：誕生日の時／ピーマンを食べた時／おやつを食べた時／おばけにあった時／片づけをする時…など。

❹代表の子はひとりずつ順番に「こんな顔！」と言いながら、質問の答えになる顔をする。
見ている子どもは、友だちの表情の違いを楽しむ。

❺次にやりたい子が3人前に出て、繰り返す。

★慣れてきたら、子どもたちとお題を考えてみましょう。

誕生日の時、どんな顔？

うれしい！こんな顔

ポイント

自信がない、前に出るのが恥ずかしいといった理由で、人前で表現することに抵抗を感じる子どももいます。その場合は、みんなの顔が見えるように円になって一斉に行うとよいでしょう。友だちと一緒だったらできる、という子もいます。自己表現の場として、安心感のある環境を作ることが大切です。

③ 誰でしょう？

0・1・2歳児の場合はパペットを使い、保育者の歌に合わせて「いないいないばあ」を楽しみます。

対象 0・1・2歳児　**準備するもの** パペット

遊び方

❶パペットの顔を隠して、「♪こんな時、どんな顔？」を歌いながら揺らす。

❷「こんなかお」で、パペットの顔を出す。

❸❶❷を繰り返す。

ポイント

特に年度初めは、慣れない環境で人見知りをする子どもが多い時期です。子どもが好きな人形やパペットを使って、楽しい気持ちを共有しながら、信頼関係を築いていきましょう。「人形が動くと楽しい」→「先生は楽しいことをしてくれる人だ」と、子どもは安心感をもつことができます。

わらったかおは〜

こんなかお！

① 手形で作る顔

子どもの手形をいかした作品。カラフルなマスキングテープで飾って、かわいい手形を引き立てましょう。

対象 0・1・2歳児 **準備するもの** マスキングテープ／
画用紙／絵の具／ペン

作り方

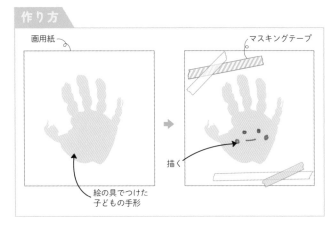

② 紙コップフラワー

紙コップの底に写真をはって、お花形の額に。足形を葉に見立てます。誕生日の記念にぴったりです。

対象 0・1・2歳児 **準備するもの** 紙コップ／画用紙／
マスキングテープ／紙ストロー／子どもの写真／絵の具

作り方

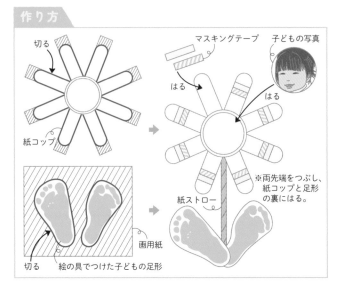

③ 貼り絵で作る自分の顔

まず鏡で見て、「特徴」を子ども同士で伝え合ってみましょう。顔のパーツも自分で作ります。

対象 4・5歳児　**準備するもの** 画用紙／鉛筆

作り方

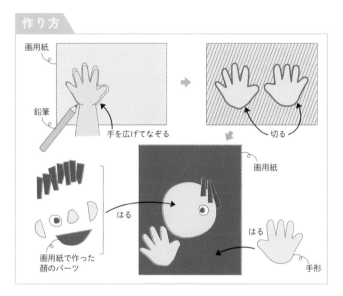

画用紙

鉛筆

手を広げてなぞる

切る

画用紙

はる

画用紙

はる

画用紙で作った
顔のパーツ

手形

④ フェルトフェイスフラッグ

フラッグと顔のパーツ、飾りの素材を用意しておき、子どもが自由にはって作ります。

対象 3・4歳児　**準備するもの** フェルト／ビーズ／
ボン天／動眼

作り方 ➡型紙

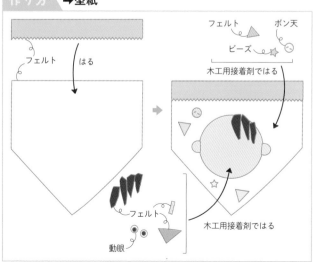

フェルト

はる

フェルト

ボン天

ビーズ

木工用接着剤ではる

フェルト

動眼

木工用接着剤ではる

うれしい楽しい春が来た

春の季節を感じることをテーマにしています。あたたかくなって、散歩に出ることが多くなる季節、身の回りの自然に目を向けて楽しみましょう。

① ペープサート

作品のねらい 0・1・2歳児：春の植物や生き物に興味をもつ。
3・4・5歳児：シアターや歌を通して春の自然に関心をもち、歌でのびのびと表現することを楽しむ。

対象 0・1・2・3・4・5歳児　**時間** 5 ～ 10分

準備するもの 印刷した絵（画用紙に印刷する）、紙ストロー

作り方　**共通▶**紙ストローを挟んで、印刷した絵をはり合わせる。

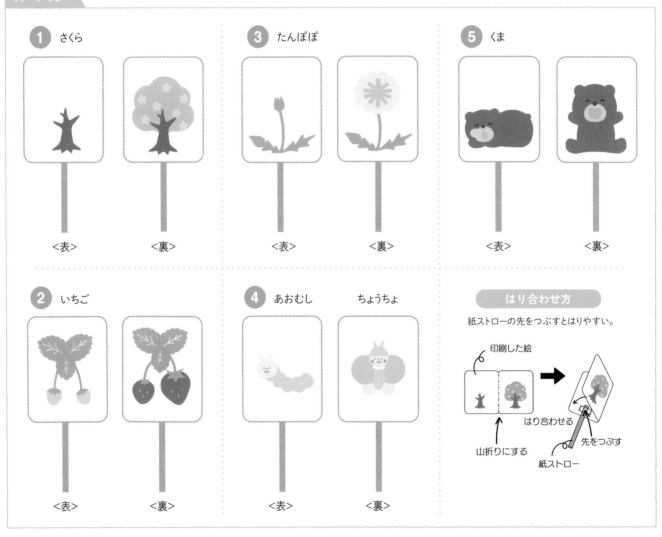

1 さくら　〈表〉〈裏〉
3 たんぽぽ　〈表〉〈裏〉
5 くま　〈表〉〈裏〉
2 いちご　〈表〉〈裏〉
4 あおむし　ちょうちょ　〈表〉〈裏〉

はり合わせ方
紙ストローの先をつぶすとはりやすい。

印刷した絵
山折りにする
はり合わせる
先をつぶす
紙ストロー

導入

シアターの前に、子どもが春の訪れに気がつけるような言葉をかけ、やりとりをしましょう。

① 保育者が「♪うれしい楽しい春が来た」（p.22）の手遊びを行って、子どもが関心をもてるようにする。
♪うれしいたのしい　はるがきた　うれしいたのしい　はるがきた
　はるはる　はるるるる

② 「みんなは春って好き？　先生は春が大好き！　ポカポカのお日様が気持ちよくて、うれしい気持ちになるんだ。春になると、色鮮やかなお花が咲いたり、いろいろな生き物たちが目を覚ましたりするよ。今日はみんなで春をさがしてみよう！」

演じ方

① **保育者▶**春ってどんな音がするかな？
どんな匂いがするかな？
今日はみんなで春をさがしてみよう！

春をさがしてみよう！

なんの木かな？

② **❶の表を出す。**

保育者▶これはなんの木かな？　そうだ、みんなで歌をうたって春を届けてあげようか！

子どもたちと一緒に「♪うれしい楽しい春が来た」（p.22）を歌う。

♪うれしいたのしい　はるがきた
　うれしいたのしい　はるがきた
　はるはる　はるるるる

「はるるるる」でペープサートをくるくる回転させる。

③ 保育者が歌う。

♪さくらがさきました　パッ

❶を裏にする。

保育者▶みんなのおかげできれいなさくらの花が咲いたよ。

④ ❷の表を出す。

保育者▶今度はいちごを見つけたよ！
でも、このいちご、まだ緑色で食べられないね。
みんなで歌をうたって、春を届けよう！

子どもたちと一緒に歌う。

♪うれしいたのしい　はるがきた
　うれしいたのしい　はるがきた
　はるはる　はるるるる

「はるるるる」でペープサートをくるくる回転させる。

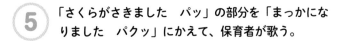

⑤ **「さくらがさきました　パッ」**の部分を**「まっかになりました　パクッ」**にかえて、保育者が歌う。

♪まっかになりました　パクッ

❷を裏にする。

保育者▶真っ赤ないちごになったね。

6 ❸の表を出す。

保育者▶今度はお花のつぼみを見つけたよ。
なんのお花かな？
みんなで歌をうたって、春を届けよう！

子どもたちと一緒に歌う。

♪うれしいたのしい　はるがきた
　うれしいたのしい　はるがきた
　はるはる　はるるるる

「はるるるる」でペープサートをくるくる回転させる。

7 「さくらがさきました　パッ」の部分を「たんぽぽさきました　ポッ」にかえて、保育者が歌う。

♪たんぽぽさきました　ポッ

❸を裏にする。

保育者▶これはたんぽぽの花だったんだね。

8 ❹の表を出す。

保育者▶今度はあおむしさんがいたね。
みんなで歌をうたって、春を届けよう！

子どもたちと一緒に歌う。

♪うれしいたのしい　はるがきた
　うれしいたのしい　はるがきた
　はるはる　はるるるる

「はるるるる」でペープサートをくるくる回転させる。

9

「さくらがさきました　パッ」の部分を「ちょうちょに
なりました　ひらひらひら」にかえて、保育者が歌う。

♪ちょうちょになりました　ひらひらひら

❹を裏にする。

保育者▶あおむしさん、葉っぱをたくさん食べてちょ
うちょになったね。

10

グーグーグー…。

保育者▶あれ？　大きないびきが聞こえるね。
誰のいびきかな？

11

❺の表を出す。

保育者▶大きないびきの正体はくまさんだった！
くまさん、もう春だよ！　起きて、起きてー！
みんなで歌をうたって起こしてあげようか！

子どもたちと一緒に歌う。

♪うれしいたのしい　はるがきた
　うれしいたのしい　はるがきた
　はるはる　はるるるる

　「はるるるる」でペープサートをくるくる回転させる。

12

⑤の裏をちらっと見せ、表に戻す。

保育者▶あれれ？　くまさん、また寝ちゃったよ。
もっと大きな声で歌ってあげようか。

子どもたちと一緒に歌う。

♪うれしいたのしい　はるがきた
　うれしいたのしい　はるがきた
　はるはる　はるるるる

「はるるるる」でペープサートをくるくる回転させる。

あれれ？

よく寝た！

13

⑤の裏を出す。

くま▶あ〜！　よく寝た、よく寝た。

くまに向かって話しかける。

保育者▶くまさん、もう春になったよ。

くま▶ほんとだ。ポカポカで気持ちがいいね！
起こしてくれてありがとう。
さっそくお散歩に出かけてくるね。

保育者▶みんなもお散歩に行ったら、どんな春があるか、さがしてみてね。
きっといろいろな春が見つかるよ。

おしまい

2 歌・遊び

① うれしい楽しい春が来た

春が来たことの喜びを表現した、シンプルな歌詞とメロディーなので、新年度にぴったりです。

対象 0・1・2・3・4・5歳児

遊び方 慣れたら、「さくらがさきました」の部分を入れかえて歌いましょう。シアターに合わせた動きをしても楽しいです。
0・1・2歳児は体を揺らし、できるところを保育者と一緒に行います。

♪うれしいたのしい　はるがきた

♪はるはる

♪はるるるる

（2回繰り返す）

❶前後に腕を振りながら、体を左右に揺らす。

❷手をパーにして、順に顔の横に出す。

❸両手を振る。

♪さくらがさきました　パッ

❹手を顔の前で合わせて、「パッ」で広げる。

例：
●いちご：まっかになりました
パクッ→食べるまねをする。

●たんぽぽ：たんぽぽさきました
ポッ→手をグーからパーにする。

●あおむし：ちょうちょになりました
ひらひらひら→手を上から下に
ひらひらさせる。

うれしい楽しい春が来た

作詞：松本さや　作曲：こぱん

② くまさん、起きて！

「かごめかごめ」の要領で遊びます。新年度、友だちの顔と名前を覚えるのにぴったりの遊びです。

対象 2・3・4・5歳児

遊び方

❶ くま役を1人決め、くま役は目を閉じてしゃがむ。

❷ ほかの子は手をつないで「♪うれしい楽しい春が来た」（p.22）を歌いながら、くま役の周りを回る。

❸ 歌い終わった時にくま役の後ろにいる子が、「くまさん、起きて」と声をかけ、背中をトントンたたく。

❹ くま役の子は目を閉じたまま、起こしてくれた子の名前を当てる。名前を当てることができたら、声をかけた子とくま役を交代する。当たらなかったら何度か繰り返す。

え…と
りほちゃん！

くまさん、
起きて！

当たった！

ポイント

外でも室内でも、場所を選ばずに遊べます。ルールがシンプルでわかりやすいので、異年齢でも楽しめます。異年齢で行う場合は、くま役を5歳児と2歳児のペアにして、起こしてくれた子の名前を一緒に考えるなど、遊び方を子どもたちと工夫してみましょう。

① お絵描きたんぽぽ

発達に応じて、点を打ったりなぐり描きをしたり。子どもが自由に描き、たんぽぽに見立てた作品です。

対象 0・1・2歳児　**準備するもの** 画用紙／丸シール／クレヨン／ペン

作り方 ➡型紙

② 折り紙いちご

色紙を折って作るいちごです。寒色系の紙皿を選ぶと赤やピンクの色が映えて、作品が引き立ちます。

対象 1・2歳児　**準備するもの** 色紙／画用紙／紙皿／リボン／ペン

作り方

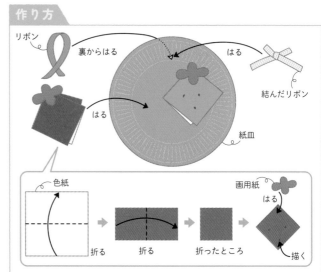

③ さくらのポンポンスタンプ

数種類の緩衝材を用意しておきましょう。子どもが自由
にスタンプして楽しみます。

対象 3・4・5歳児 **準備するもの** 画用紙／緩衝材／紙芯／
輪ゴム／絵の具

作り方

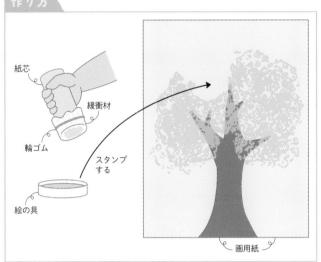

- 紙芯
- 緩衝材
- 輪ゴム
- スタンプする
- 絵の具
- 画用紙

④ じゃばら折りちょうちょ

柄入りの画用紙を使うとカラフルな作品に。折り方で見
え方もかわるので、色彩への興味・関心を育みます。

対象 3・4・5歳児 **準備するもの** 画用紙（柄入り）／
モール

作り方 ➡型紙

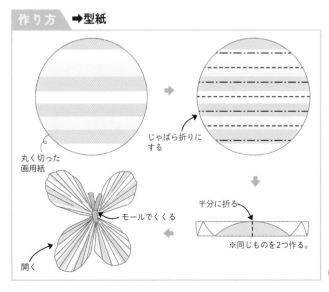

- 丸く切った画用紙
- じゃばら折りにする
- 半分に折る
- ※同じものを2つ作る。
- モールでくくる
- 開く

夏に食べたいもの、なあに？

子どもたちが大好きな、夏の食べ物をテーマにしています。掛け合いをしたり、大きな声を出したりして遊びましょう。

1 スケッチブックシアター

作品のねらい 0・1・2歳児：夏ならではの食べ物に興味をもつ。
3・4・5歳児：夏の食べ物のお話を通して、友だちと一緒に言葉の豊かさやおもしろさを味わう。

対象 0・1・2・3・4・5歳児　**時間** 5〜10分

準備するもの 印刷した絵、スケッチブック

作り方 **共通▶**印刷した絵を各ページにバランスよくはる。

<1枚目> アイスクリーム

2枚目のぶたと合うように、赤線で切る。

上をめくって、2枚目と重ねたところ。

<2枚目> ぶた

<3枚目> かき氷

4枚目のかにと合うように、赤線で切る。

上をめくって、4枚目と重ねたところ。

<4枚目> かに

<5枚目> すいか

<6枚目> すいかおばけ

7枚目のおばけの体と合うように斜線部を切り取る。

7枚目と重ねたところ。

<7枚目> 火の玉とおばけ

赤線で切る。

上をめくって、8枚目と重ねたところ。

<8枚目> 花火

麦わら帽子やサングラスなど、夏のアイテムを身に着けて登場し、子どもが「おもしろそうなことが始まる！」と思えるように演出しましょう。子どもたちとやりとりしながら、期待を高める言葉をかけます。

1. 「暑い暑い、毎日暑くてヘトヘトだ！　こんな暑い日には、何かおいしいものが食べたいな。みんなは夏になると食べたくなるものってある？」……（やりとりをする）

2. 「そうだね、いっぱいあるね。今日は、夏に食べたくなるものをたくさん用意したから、みんなでおなかいっぱい食べちゃおう！」

演じ方　※0・1歳児は、掛け合いをせずに保育者が演じます。

1. **保育者▶**夏はやっぱり冷たくて甘い、あの食べ物が食べたくなるよね！　何かわかるかな？

   子どもたちに問いかける。

   保育者▶そう、アイス！　先生が歌の最後に「夏に食べたいもの、なあに？」って聞くから、みんなで元気に「アイス」って答えてね！

   保育者が「♪夏に食べたいもの、なあに？」(p.32)を歌う。

   ♪あついあつい　なつがきた
   　げんきにあそんで　はらぺこだ
   　きょうはみんなで　なにたべよう
   　なつにたべたい　ものなあに

   子ども▶アイス！

何かわかるかな？

2. **1枚目を出す。**

   保育者▶じゃじゃーん！
   今日は特別に2段アイスだよ！　いただきまーす！

   上の絵をめくる。

③ **保育者▶**あれ？　アイスの後ろに何か隠れているね。
残りのアイスも食べちゃおう！

下の絵をめくる。

④ **保育者▶**アイスの後ろにぶたさんが隠れてた！

絵をめくる。

⑤ **保育者▶**今度は、作る時にガリガリ音がするかき氷だよ。
「かき氷」って大きな声で言えるかな？

保育者が歌う。

♪あついあつい　なつがきた
　げんきにあそんで　はらぺこだ
　きょうはみんなで　なにたべよう
　なつにたべたい　ものなあに

子ども▶かき氷！

保育者▶かき氷もいただきまーす！

上の絵をめくる。

6

保育者▶あれ？　かき氷の後ろに
も、何か隠れてる！
なんだろう？
みんなで見てみよう！

下の絵をめくる。

何か隠れてる！

かき氷じゃなくて
「かに氷」だね！

7

保育者▶いちごシロップかと思った
ら、かにさんが隠れてた！
これじゃあ、かき氷じゃなくて
「かに氷」だね！

絵をめくる。

⑧ **保育者▶**最後はみんなで大きなすいかを食べよう！
大きな声で、「すいか」って言ってみてね。

保育者が歌う。

♪あついあつい　なつがきた
　げんきにあそんで　はらぺこだ
　きょうはみんなで　なにたべよう
　なつにたべたい　ものなあに

子ども▶すいか！

保育者▶すいかみたいに大きな声で言えたね。
大きなすいか、いただきます！

絵をめくる。

⑨ **保育者▶**あれー！
食べようと思ったら、
すいかおばけになっちゃった！

絵をめくる。

⑩ **保育者▶**わあ！　火の玉が飛んでる！
え？　なになに？　「お空を見て」？

おばけと会話する振りをする。

上の絵をめくる。

ヒュ～ドドーン！

保育者▶打ち上げ花火だ！

下の絵をめくる。

保育者▶わあ！　とってもきれいだね！　おばけさん、教えてくれてどうもありがとう。
今日はおいしいものをたくさん食べられて、花火も見られて素敵な一日だったね。

おしまい

① 夏に食べたいもの、なあに？

「なつにたべたい　ものなあに」の歌詞に対し、食べたいものを言うのが楽しい歌です。

対象 0・1・2・3・4・5歳児

遊び方 答えるところはみんなで声を合わせたり、順番に言ったりと、いろいろな遊び方をやってみましょう。0・1・2歳児は、できるところを保育者と一緒に行います。

♪あついあつい

❶左右1回ずつ、汗をぬぐう動きをする。

♪なつがきた

❷手を3回たたく。

♪げんきにあそんで　はらぺこだ

❸手をグーにして、左右交互に4回上げ下げし、「はらぺこだ」でおなかに手を当てる。

♪きょうはみんなで　なにたべよう

❹片手をほおに当て、左右に2回揺れる。

♪なつにたべたい

❺両手を口のそばに当てる。

♪ものなあに

❻手を前に出して、「召し上がれ」のポーズ。保育者が「○○」と食べ物を言ったら、「せーの」の合図で子どもたちが繰り返す。

夏に食べたいもの、なあに？

作詞・作曲：松本さや　編曲：こぱん

② どっちを食べる？

数人ずつ一列に並んで向かい合い、食べたいものを大きな声で言い合う遊びです。発散遊びとしても楽しめます。

対象 3・4・5歳児

遊び方

❶ 2つのグループに分かれる。

❷ グループごとに相談して、夏に食べたいものを1つ決め、手をつないで向かい合う。

❸ 保育者は間に立ち、「今日は何を食べようかな？大きな声で言えた方の食べ物にするよ」と子どもたちに伝える。

❹ みんなで「♪夏に食べたいもの、なあに？」(p.32)を歌い、子どもたちは、2小節ごとに行ったり来たりを繰り返す。

❺ 歌い終わったら、保育者の「せーの」の合図で、相談して決めた食べ物の名前を大声で言う。

❻ より声が大きくそろっていたチームの勝ち（保育者が判定する）。

★ グループをかえたり、グループの中で夏に食べたいものを相談したりして繰り返し遊びましょう。

今日は何を
食べようかな？

♪あついあつい〜

♪げんきにあそんで〜

アイス!!

せーの

すいか!!

ポイント

大きな声を出すことを楽しみます。大きな声を出すというのは、どなることではありません。友だちと相談して心を合わせ、その上で声を合わせることに心地よさを感じることが大切です。この心地よさは、歌をうたう時にも通じる楽しさです。

① カラフルかき氷

かき氷の台紙に、子どもがフラワー紙を丸めてはっていきます。果物などのパーツを用意しておきましょう。

対象 0・1・2歳児 　準備するもの 画用紙／フラワー紙／ペン

作り方 ➡型紙

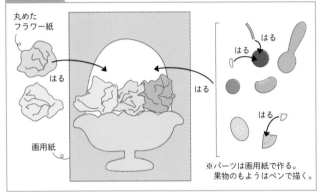

丸めたフラワー紙

はる

はる

画用紙

はる

はる

はる

※パーツは画用紙で作る。
果物のもようはペンで描く。

② ころころ立体おばけ

カプセルトイの容器を使って形を整えます。低年齢児も楽しめる、立体製作です。

対象 1・2・3歳児 　準備するもの キッチンペーパー／丸シール／カプセルトイの容器／木工用接着剤

作り方

キッチンペーパー

浸す

水に木工用接着剤をうすく溶いたもの

手で握ってしぼる

被せる

カプセルトイの容器

半分に切った丸シール

乾いたらはる

形を整えて乾かす

⚠ カプセルトイの容器を子どもが口に入れないように注意しましょう。
遊んだ後は必ず手を洗うようにご指導ください。

③ すいかおばけ

夏のモチーフ、すいかとおばけ。廃材もたくさん用意し、子どもが自由に素材を選べるようにしましょう。

対象 3・4・5歳児　**準備するもの** 画用紙／フラワー紙／色紙／ペットボトルのふた／丸シール／モール／ペン

作り方 ➡型紙

ちぎった
フラワー紙
　はる
円を描いた画用紙

細長くちぎった色紙
　はる
切る

モール
ねじって
裏にテープではる
描く
画用紙
はる
はる

ペットボトルのふた
はる
丸シール
丸シール

④ スワイプアートのアイス

絵の具をはじに垂らし、段ボール板でこするように色をつけます。色が混ざるのも作品の味に！

対象 3・4・5歳児　**準備するもの** 画用紙／段ボール板／絵の具／クレヨン

作り方 ➡型紙

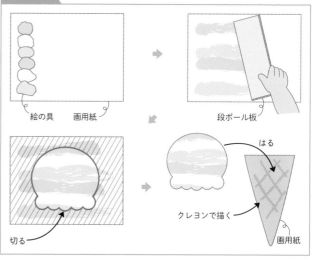

絵の具　画用紙
段ボール板

切る
クレヨンで描く
はる
画用紙

海の生き物に会えるかな？

海の生き物をテーマにしています。海に行った子どもたちそれぞれの経験などから、海の生き物への興味・関心を広げ、遊びを展開していきましょう。

1 クリアホルダーシアター

作品のねらい 0・1・2歳児：海の生き物に興味をもつ。
3・4・5歳児：考えたことを言葉にして、友だちや保育者に伝える。

対象 0・1・2・3・4・5歳児　**時間** 10 〜 15分

準備するもの 印刷した絵、画用紙、クリアホルダー、すずらんテープ、うちわ

作り方　共通▶絵を印刷する。

1 画用紙

2 かくれくまのみ1

3 かくれくまのみ2

4 ふぐ1

5 ふぐ2
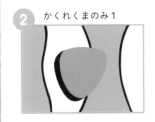

6 かめ1

7 かめ2

8 ちょうちんあんこうの光
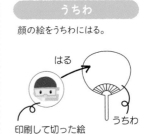

9 ちょうちんあんこう

10 さめの口

11 さめ

12 宝箱1
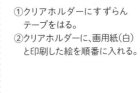

13 宝箱2
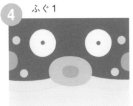

うちわ

顔の絵をうちわにはる。

はる

印刷して切った絵　うちわ

クリアホルダー

①クリアホルダーにすずらんテープをはる。
②クリアホルダーに、画用紙（白）と印刷した絵を順番に入れる。

導入

シアターの前に、海に行ったことがあるか、海にはどんな生き物がいるか、海の音や匂いについてなどに関するやりとりをして、子どもが興味をもてるようにしましょう。

① 「今日はみんなにクイズを出すよ！　とっても広くて、ざぶーんと音が聞こえるところってどこだ？」……（やりとりをする）

「正解は海！　みんな、広い海にはどんな生き物がいるか知ってる？」……（やりとりをする）

② 「すごい！　みんな、いろいろな生き物をよく知っているね！　今日はみんなで広い海を探検してみよう！」

演じ方　※0・1・2歳児は、かくれくまのみやかめなど、なじみのあるものをいくつか選んで行います。

① **うちわとクリアホルダーを出す。**

保育者▶どんな海の生き物に会えるかな？
みんな、海の生き物を見つけたら教えて！
それじゃ、さっそくみんなで海に潜るよ。
せーの、ぶくぶくぶく……。

うちわですずらんテープをあおぐ。

保育者▶ぶくぶくぶく……。

❶をクリアホルダーの最後に入れ、❷を出す。

② **保育者▶**しましま模様が見えるね？
何かな？

❷をクリアホルダーの最後に入れ、❸を出す。

③ うちわですずらんテープをあおぐ。

保育者▶しましまの正体は、かくれくまのみでした！

❸をクリアホルダーの最後に入れ、❹を出す。

④ 保育者▶これはなんだろう？

❹をクリアホルダーの最後に入れ、❺を出す。

⑤ うちわですずらんテープをあおぐ。

保育者▶体を膨らませたふぐでした！

❺をクリアホルダーの最後に入れ、❻を出す。

⑥ 保育者▶今度は、顔が見えるね？

⑥をクリアホルダーの最後に入れ、⑦を出す。

⑦ うちわですずらんテープをあおぐ。

保育者▶かめでした！

⑦をクリアホルダーの最後に入れ、⑧を出す。

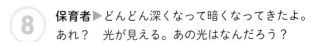

⑧ 保育者▶どんどん深くなって暗くなってきたよ。
あれ？　光が見える。あの光はなんだろう？

⑧をクリアホルダーの最後に入れ、⑨を出す。

⑨ うちわですずらんテープをあおぐ。

保育者▶深海魚のちょうちんあんこうだ!

⑨をクリアホルダーの最後に入れ、⑩を出す。

⑩ **保育者**▶あれ、このギザギザはもしかして…。

⑩をクリアホルダーの最後に入れ、⑪を出す。

⑪ うちわですずらんテープをあおぐ。

保育者▶さめだー! みんな、逃げて逃げて!

⑪をクリアホルダーの最後に入れ、⑫を出す。

⑫

保育者▶あれ、あんなところに宝箱が見えるよ！

⑫をクリアホルダーの最後に入れ、⑬を出す。

⑬

うちわですずらんテープをあおぐ。

保育者▶やったー！
宝物がたくさん入っていたよ。
大発見だね！
また、みんなで海を探検しようね。

子どもたちと一緒に「♪海の生き物に会えるかな？」（p.42）を歌う。

♪うみの　いきものに　あえるかな
　ともだちに　なれるかなー
　スーイ　スーイ
　みつけにいこう

おしまい

1 海の生き物に会えるかな？

ゆったりしたメロディーなので、たくさん外遊びをした後やお昼寝前などに行ってもいいですね。

対象 0・1・2・3・4・5歳児

遊び方 波に浮かんだり泳いだりするイメージで行います。0・1・2歳児は、子どもを保育者の膝にのせて歌いながら左右に揺れたり、向かい合ってできるところを一緒に行ったりしましょう。

♪うみの　いきものに　あえるかな

❶両手を合わせて魚の形を作り、左右にゆらゆら揺らす。

♪ともだちに

❷一方の手を肩に当てる。

♪なれるか

❸もう一方の手を反対側の肩に当てる。

♪なー

❹交差したまま、左右に揺れる。

♪スーイ　スーイ

❺泳ぐまねをする。

♪みつけにいこう

❻両手で水中眼鏡を作り、顔に当てる。

海の生き物に会えるかな？

作詞：松本さや　作曲：こぱん

② 友だち探そう！

ジャンケン列車の要領で、「ジャンケン→つながる」を繰り返します。海の生き物になりきるところも楽しいです。

対象 3・4・5歳児

遊び方

❶子どもたちは好きな海の生き物になり、「♪海の生き物に会えるかな？」（p.42）を歌いながら、自由に動き回る。

❷歌が終わったら、相手を見つけて2人組になり、ジャンケンをする。子どもが奇数の場合は、保育者と行う。

❸ジャンケンで負けた方が勝った子の後ろにつながる。

❹また❶と同様に行い、歌が終わったらジャンケンを繰り返す。最後まで残った海の生き物の勝ち。

★保育者がゲームの途中で、「さめが来たぞー」と言ったら全員がバラバラになり、最初から始める。

ポイント

時間切れになったり、ジャンケンに負けてつまらないと思っている子がいたりした場合、「さめが来たぞー」と言うと、ゲームをリセットできます。負けた子は、「またチャンスがある！」と思って参加することができます。海の生き物を表現することも楽しみましょう。

① はじき絵の魚

セロハンテープをはったところは色がつきません。テープのつるつると画用紙のざらざらした感触も楽しみましょう。

対象 1・2歳児　**準備するもの** 画用紙／セロハンテープ

丸シール／絵の具

作り方 ➡型紙

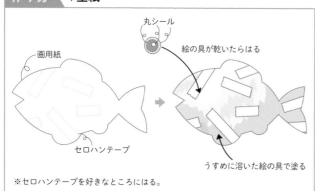

丸シール

画用紙

絵の具が乾いたらはる

セロハンテープ

うすめに溶いた絵の具で塗る

※セロハンテープを好きなところにはる。

② 透明ゆらゆらくらげ

丸めたり袋に入れたり、子どもができるところを行います。子どもの前で揺らして遊べます。

対象 0・1・2歳児　**準備するもの** 透明色紙／ポリ袋／

食品包装用フィルム／すずらんテープ

作り方

透明色紙

入れる

丸めた
食品包装用
フィルム

角をテープでとめる

ポリ袋

テープで
はる

すずらん
テープ

③ にじみ絵の魚たち

アルミホイルを使って作るにじみ絵。子どもたちそれぞれが好きな、海の生き物を作ります。

対象 3・4・5歳児　**準備するもの** アルミホイル／画用紙／水性ペン／霧吹き

作り方

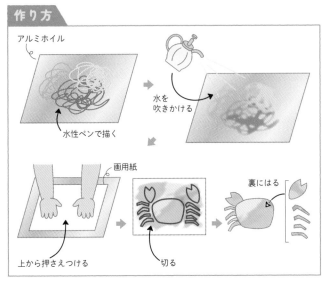

- アルミホイル
- 水性ペンで描く
- 水を吹きかける
- 画用紙
- 上から押さえつける
- 切る
- 裏にはる

④ はりこのふぐ

ペタペタとはっていくのが楽しい作業の製作です。色の組み合わせは、子どもが自分で選びます。

対象 3・4・5歳児　**準備するもの** 水風船／フラワー紙／木工用接着剤／紙芯／ペン

作り方

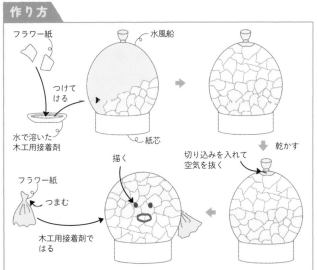

- フラワー紙
- 水風船
- つけてはる
- 水で溶いた木工用接着剤
- 紙芯
- 乾かす
- 切り込みを入れて空気を抜く
- 描く
- フラワー紙
- つまむ
- 木工用接着剤ではる

⚠ 水風船は子どもが誤飲しないよう、処分しましょう。

どんぐりさんの冒険

秋の季節を感じることをテーマにしています。散歩先で見つけた身近な自然や生き物を通して、季節の変化に興味をもち、物語や造形遊びを通して、子どもの想像力を広げましょう。

1 スケッチブックシアター

作品のねらい　2・3歳児：身近な秋の自然にふれながら、物語の繰り返しを楽しむ。
　　　　　　　　4・5歳児：どんぐりの物語を通して、友だちと思いを伝え合う心地よさを感じる。

対象　2・3・4・5歳児　　**時間**　5 〜 10分

準備するもの　印刷した絵、スケッチブック

作り方　**共通**▶印刷した絵を各ページにバランスよくはる。※見開きで展開するので、表裏の関係を確認してはりましょう。

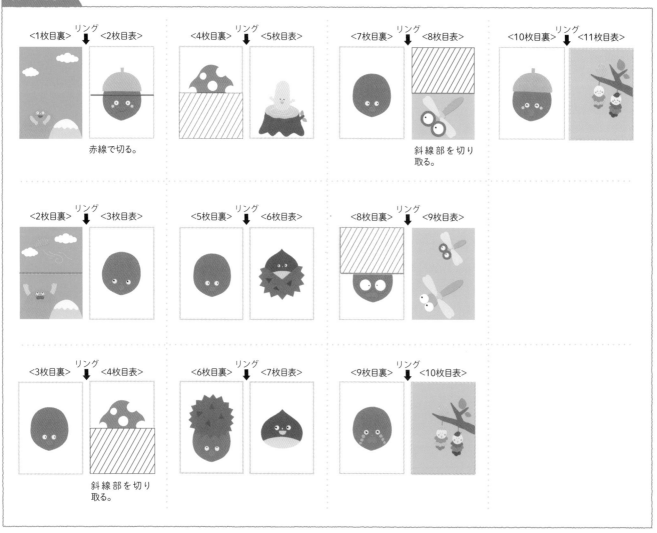

導入

シアターの前に、どんぐりがどんなものだったのか、子どもの体験に結びつけ、イメージできるような言葉をかけましょう。

① 「帽子を被った木の実ってなんだ？」……（やりとりをする）
「そうだね。どんぐりって、細長いものや丸っこいものなど、よく見るといろいろな形があるね。お散歩で、どんなものを拾ったかな？」……（やりとりをする）

② 「今日は、おしゃれな帽子をかぶったどんぐりさんのお話をするよ」

- -

演じ方

① **1枚目の裏と2枚目の表を出す。**

保育者▶秋が深まる森の中に、帽子が自慢のどんぐりさんがいました。

どんぐりさん▶みんな！
見て見て、ぼくのどんぐり帽子。
よく似合ってるでしょ？

保育者▶どんぐりさんが自慢の帽子を見せていたその時！

② ヒューン。

2枚目の上の絵をめくる。

どんぐりさん▶ああ！　ぼくの帽子が！

③

2枚目の下の絵をめくる。

保育者▶これは大変！
どんぐりさんの自慢の帽子が
秋風に飛ばされちゃった！
どこに行っちゃったのかな？
みんなでさがしに行ってみよう。

保育者が「♪どんぐりさんの冒険」（p.52）
を歌う。

♪どんぐりの　ぼうしが　とばされた
　あきの　かぜに　ビューンととんだ
　みつけに　いこう　さがしに　いこう
　どんぐりの　ぼうし

3枚目の絵をめくる。

④

どんぐりさん▶きのこさん、どんぐり帽子を見
なかった？

きのこさん▶どんぐりさんの帽子は見ていないな。
かわりにぼくの自慢のかさを貸してあげるよ。

4枚目の絵をめくる。

⑤ **どんぐりさん▶** とっても素敵なかさだけど、ぼく、やっぱりどんぐり帽子がいいんだ。きのこさん、ありがとう。またね。

保育者が歌う。

♪どんぐりの ぼうしが とばされた
　あきの かぜに ビューンととんだ
　みつけに いこう さがしに いこう
　どんぐりの ぼうし

5枚目の絵をめくる。

⑥ **どんぐりさん▶** くりさん、どんぐり帽子を見なかった？

くりさん▶ どんぐりさんの帽子は見ていないな。かわりに私の自慢のイガを貸してあげるよ。

6枚目の絵をめくる。

⑦ **どんぐりさん▶** とっても素敵なイガだけど、ぼく、やっぱりどんぐり帽子がいいんだ。くりさん、ありがとう。またね。

保育者が歌う。

♪どんぐりの ぼうしが とばされた
　あきの かぜに ビューンととんだ
　みつけに いこう さがしに いこう
　どんぐりの ぼうし

7枚目の絵をめくる。

⑧

どんぐりさん▶とんぼさん、どんぐり帽子を見な
かった？

とんぼさん▶どんぐりさんの帽子は見ていないな。
かわりにぼくの自慢の眼鏡を貸してあげるよ。

8枚目の絵をめくる。

とんぼさん、
どんぐり帽子を見なかった？

とんぼさん、
ありがとう。またね。

⑨

どんぐりさん▶とっても素敵な眼鏡だけど、
ぼく、やっぱりどんぐり帽子がいいんだ。
とんぼさん、ありがとう。またね。

保育者が歌う。

♪どんぐりの　ぼうしが　とばされた
　あきの　かぜに　ビューンととんだ
　みつけに　いこう　さがしに　いこう
　どんぐりの　ぼうし

9枚目の絵をめくる。

⑩

どんぐりさん▶えーん、えーん。
みのむしさん、どんぐり帽子を見なかった？
ずっとさがしているけど、見つからないんだ。

みのむしさん▶どんぐりさんの帽子は見てい
ないな。
かわりに私のお布団を貸してあげるよ。

どんぐりさん▶あ、よく見たら…
みのむしさんがどんぐり帽子をかぶってる！

みのむしさん▶本当だ！

10枚目の絵をめくる。

えーん、えーん。

⑪

どんぐりさん▶よかった！
ぼくの自慢の帽子、見つかってうれしいな。

保育者が歌う。

♪どんぐりの　ぼうしが　とばされた
　あきの　かぜに　ビューンととんだ
　みつけに　いこう　さがしに　いこう
　どんぐりの　ぼうし

保育者▶どんぐりさんの帽子、無事に見つか
ってよかったね。

おしまい

無事に見つかってよかったね。

① どんぐりさんの冒険

リズミカルで拍がとりやすいので、低年齢児も行いやすいです。

対象 0・1・2・3・4・5歳児

遊び方 風に飛ばされた帽子をさがしに行く、どんぐりの気持ちになって動いてみましょう。0・1歳児は、できるところを保育者と一緒に行います。

♪どんぐりの　ぼうしが
❶手をグーにして、かいぐりする。

♪とばされた
❷両手を頭に当て、「た」で両手を上げる。

♪あきの　かぜに
❸両手を伸ばし、波のように揺らしながらゆっくりと動かす。

♪ビューンととんだ
❷と同じ。

♪みつけに　いこう
❹両手を頭に当て、「た」で両手を上げる。

♪さがしに　いこう
❺両手をハの字にして、目の周りに当てる。

♪どんぐりの　ぼうし
❻両手を振る。

❼手をグーにしてかいぐりし、「ぼうし」で両手を頭に当てる。

どんぐりさんの冒険

作詞・作曲：松本さや　編曲：こぱん

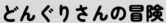

どんぐりの　ぼうしが　とばされた　あきの　かぜに　ビューンととんだ

みつけに　いこう　さがしに　いこう　どんぐりの　ぼうし

② 帽子が飛んだ！

ハンカチ落としの要領で、追いかけっこを楽しみます。

対象 2・3・4・5歳児　**準備するもの** ハンカチ

遊び方

❶秋風役を1人決める。ほかの子は円になって座り、どんぐりの帽子に見立てたハンカチを頭にのせる。

❷保育者が「♪どんぐりさんの冒険」（p.52）を歌い、その間、秋風役は円の周りを走り、ハンカチをとって逃げる。

❸ハンカチをとられた子は、秋風役を追いかける。

❹秋風役は、ハンカチをとられた子がいた場所に、タッチされずに座ることができたら、秋風役を交代。タッチされたら、秋風役はかわらずに、遊びを繰り返す。

♪どんぐりの〜

えいっ！

あっ！

がんばれー！

はやくー！

待てー！

さっちゃんの勝ち！

負けちゃった！

ポイント

自分のハンカチ（どんぐりの帽子）がいつ飛ばされるのか？　ドキドキしながら待つことが楽しい遊びです。仲のいい子同士で繰り返したり、同じ子のハンカチばかりをとったりして、1回もとられないで終わる子がいた時は、「待っている子もいるよ」と、子どもが気づける言葉をかけましょう。

① 指スタンプきのこ

いろいろな形のきのこを用意しておきましょう。子どもが自由に指スタンプを楽しみます。

対象 0・1・2歳児　**準備するもの** 画用紙／絵の具

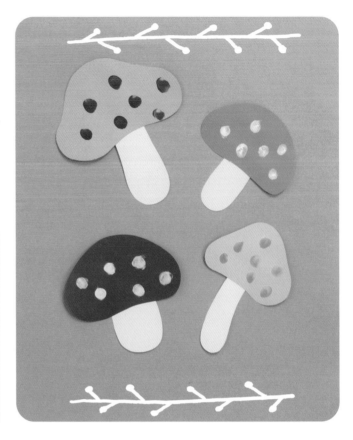

作り方 ➡型紙

絵の具

画用紙

指スタンプする

画用紙

② 新聞みのむし

新聞紙を広げて色を塗ったら、びりびり破ってみのむしに。色むらや塗り残しも作品の一部になります。

対象 1・2歳児　**準備するもの** 新聞紙／紙芯／ひも／動眼シール／絵の具

作り方

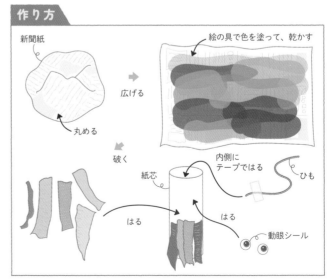

新聞紙

広げる

丸める

破く

絵の具で色を塗って、乾かす

紙芯

内側にテープではる

ひも

はる

はる

動眼シール

③ 落ち葉とどんぐりのリース

紙皿を利用したリース。お散歩で集めた落ち葉を、子どもが自由にはりましょう。

対象 4・5歳児　**準備するもの** 紙皿／画用紙／落ち葉／
ひも／丸シール／モール／リボン／絵の具

作り方

- 紙皿
- 切り抜く
- 絵の具を塗る
- 木工用接着剤ではる
- 落ち葉
- ひも
- 裏にはる
- 画用紙
- はる
- モール
- ※モールの手足は裏にテープではる。
- 丸シールで作った顔のパーツ
- 裏にテープではる
- リボン
- 裏にテープではる

④ イガイガのくり

細く切った画用紙でイガを表現。色紙のくりと組み合わせて作ります。

対象 3・4・5歳児　**準備するもの** 画用紙／色紙／ペン

作り方

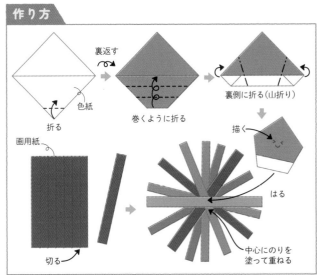

- 色紙
- 折る
- 裏返す
- 巻くように折る
- 裏側に折る（山折り）
- 画用紙
- 切る
- 描く
- はる
- 中心にのりを塗って重ねる

この形、なあに？

形をテーマにしています。はさみで切って、2つ折りの紙の形が変わる不思議さを楽しみましょう。また、切るイメージから、体を動かす遊びにつなげていきます。

1 チョキチョキシアター

作品のねらい 0・1・2歳児：様々な形に興味をもつ。
3・4・5歳児：紙を半分に折り、切ってできる形を楽しみ、身の回りの「形」に興味をもつ。

対象 0・1・2・3・4・5歳児　**時間** 5～10分

準備するもの 印刷した絵

作り方　　**共通▶**印刷した絵を中心で半分に折る（山折り）。

1 月
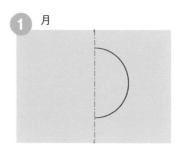

4 いちょう
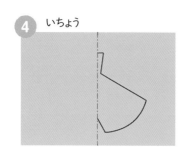

7 赤とんぼ

2 りんご
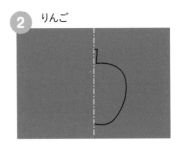

5 かぼちゃ
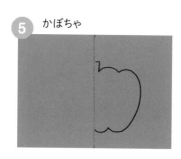

3 ようなし
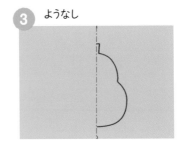

6 コスモス
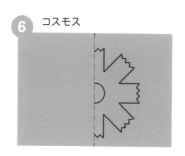

導入

シアターの前に、1枚の紙を切る様子を見せ、いったいどんな変化が起きるのか、子どもたちの期待が膨らむような言葉をかけましょう。

① 最初に、簡単な直線切りをしてみせる。
「はさみで紙を切る時、こんなふうに切るよね」

② 「今日はこの紙を半分に折って、折ったままチョキチョキとはさみで切っていくよ！　半分に折った紙は何に変身するかな？　さっそくやってみるね！」

演じ方　※0・1・2歳児は、⑥まで行います。

① 半分に折った❶を出す。

保育者▶まずはこの黄色い紙を切っていくね！
何ができるかな？

保育者が「♪この形、なあに？」（p.62）の1番を歌いながら切る。

♪チョキチョキチョッキン
　チョキチョキで
　あらあらふしぎ
　なにができるかな

チョキチョキ…

お月様でした！

② 切ったものを見せる。

保育者▶正解はまんまるお月様でした！

③ 半分に折った❷を出す。

保育者▶次は何ができるかな？

歌いながら切る。

♪チョキチョキチョッキン
　チョキチョキで
　あらあらふしぎ
　なにができるかな

チョキチョキ…

りんごでした！

④ 切ったものを見せる。

保育者▶正解はりんごでした！

チョキチョキ…

⑤ 半分に折った❸を出す。

保育者▶次は何ができるかな？

歌いながら切る。

♪チョキチョキチョッキン
　チョキチョキで
　あらあらふしぎ
　なにができるかな

⑥ 切ったものを見せる。

保育者▶正解はようなしでした！

ようなしでした！

⑦ 半分に折った❹を出す。

保育者▶次は黄色のこんな形！　何ができるかな？
ヒントは秋の落ち葉だよ。わかるかな？

歌いながら切る。

♪チョキチョキチョッキン
　チョキチョキで
　あらあらふしぎ
　なにができるかな

チョキチョキ…

いちょうの葉っぱでした！

⑧ 切ったものを見せる。

保育者▶正解はいちょうの葉っぱでした。

9 半分に折った**5**を見せる。

保育者▶今度は緑色でゴツゴツしているよ。
何ができるかな？

歌いながら切る。

♪チョキチョキチョッキン
　チョキチョキで
　あらあらふしぎ
　なにができるかな

チョキチョキ…

かぼちゃでした！

10 切ったものを見せる。

保育者▶正解はかぼちゃでした！

11 半分に折った**6**を見せる。

保育者▶次はこの形。何ができるかな？

歌いながら切る。

♪チョキチョキチョッキン
　チョキチョキで
　あらあらふしぎ
　なにができるかな

チョキチョキ…

12 切ったものを見せる。

保育者▶正解はコスモスでした！

13 半分に折った**7**を見せる。

保育者▶最後は少し難しいよ。
赤色のこの形、何ができるかな？

歌いながら切る。

♪チョキチョキチョッキン
　チョキチョキで
　あらあらふしぎ
　なにができるかな

チョキチョキ…

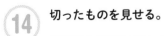

赤とんぼでした！

14 切ったものを見せる。

保育者▶正解は赤とんぼでした！
みんなも紙を半分に折って、
いろいろなものを作ってみてね。

おしまい

① **この形、なあに？**

歌に合わせて行う手遊びです。グー、チョキ、パーの動きを楽しみます。

対象 0・1・2・3・4・5歳児

遊び方 「なにができるかな」の後は、子どもたちが考えたものを言ってもいいですね。0・1歳児の場合は保育者が行い、❹で子どものほおに軽くふれます。

♪チョキチョキ

❶片手をチョキにする。

♪チョッキン

❷もう片方の手をチョキにする。

♪チョキチョキで

❸チョキのまま、両手を左右に揺らす。

♪あらあらふしぎ

❹両手を顔の前で上下に動かす。

♪なにができるかな

❺「なにができるかな」で手を5回たたいた後、「かにさん」など、保育者がイメージするものを言い、子どもたちはその動きを行う。

★2番ではパー、3番ではグーにし、チョキと同様に行う。

この形、なあに？

作詞：松本さや　作曲：こぱん

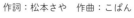

1.チョキ チョ キチョッ キン　チョキチョキ で　あらあらふしぎ　なにが できるか な

2.パーパー パー パー　パーパー で　あらあらふしぎ　なにが できるか な
3.グーグー グー グー　グーグー で

② くすぐりっこ体操

「♪この形、なあに？」（p.62）の体操バージョン。最後はくすぐりっこなどで友だちとスキンシップを楽しみます。

対象 2・3・4・5歳児

遊び方

♪チョキチョキチョッキン　チョキチョキで

♪あらあらふしぎ

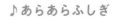

❶両手をチョキにしてしゃがみ、腕を伸ばしながら右上に立ち上がる。同様にしゃがみ、今度は左上に立ち上がる（左右交互に4回）。

❷お尻を振る。

♪なにができるか　　♪な

❸手をかいぐりしながらしゃがむ。

❹立って両手を上げる。

❺くすぐり合う。

ポイント

p.62のグー、チョキ、パーの手遊びを楽しんだら、体操につなげましょう。幼児の場合、くすぐり合うだけでなく、「2人組で丸」「三角」「山」などと保育者がお題を出すと、子どもは自分たちでいろいろな表現を考え出します。

★2番：❶では、両手をパーにしてチョキと同様に行う。
★3番：❶では、両手をグーにしてチョキと同様に行う。

① バルーンスタンプのりんご

風船に絵の具をつけてポンポンとスタンプ。フェルトの葉をはって、りんごに仕上げます。

対象 0・1・2歳児　**準備するもの** 画用紙／風船／フェルト／絵の具

作り方

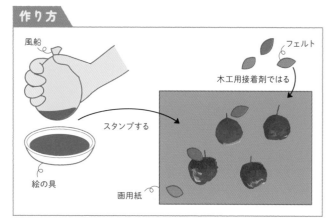

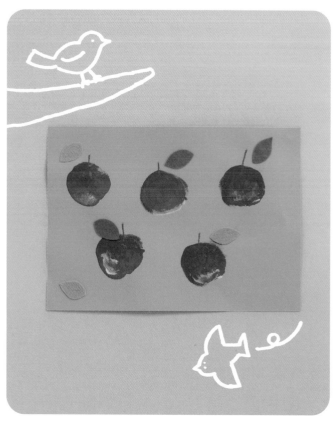

② まんまるお月様を作ろう

ポリ袋に絵の具を入れ、上から押して混ぜ合わせます。感触も楽しめます。

対象 0・1・2歳児　**準備するもの** ポリ袋（チャックつき）／画用紙／絵の具

作り方 ➡型紙

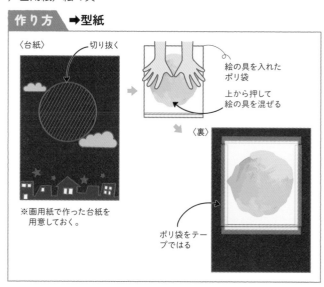

③ 毛糸巻きとんぼ

木製スティックに毛糸を巻いて。1色ずつ巻いたり、重ねて巻いたり、個性が出る作品です。

対象 3・4・5歳児　**準備するもの** 木製スティック／毛糸／ボタン

作り方

テープでとめる

ボタン

毛糸

木工用接着剤ではる

※色をかえて巻く。

木工用接着剤ではる

木製スティック

2本重ねて木工用接着剤ではる

④ ごつごつ秋野菜

ちぎったティッシュペーパーに、水で溶いた絵の具で色を塗ると、ごつごつ感が出て味わいのある作品に。

対象 3・4・5歳児　**準備するもの** ティッシュペーパー／画用紙／絵の具

作り方 ➡型紙

切って広げる

ちぎったティッシュペーパー

はる

のりを塗る

半分に折った画用紙

塗る

水で溶いた絵の具

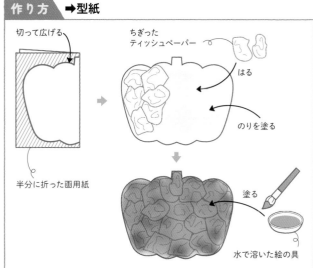

大きなお鍋で作ってみよう！

作って食べることをテーマにしています。食育活動のひとつとして取り組み、みんなで一緒に作る楽しさを大切にしながら、食への興味を広げていきましょう。

1 スケッチブックシアター

作品のねらい 0・1・2歳児：食育活動とつなげ、出汁や食べることに興味をもつ。
3・4・5歳児：食育活動とつなげ、出汁や食材に興味をもち、お話を通して作って食べる過程を楽しむ。

対象 0・1・2・3・4・5歳児　**時間** 5〜10分

準備するもの 印刷した絵、画用紙、スケッチブック、クリアホルダー

作り方　共通▶印刷した絵を各ページにバランスよくはる。

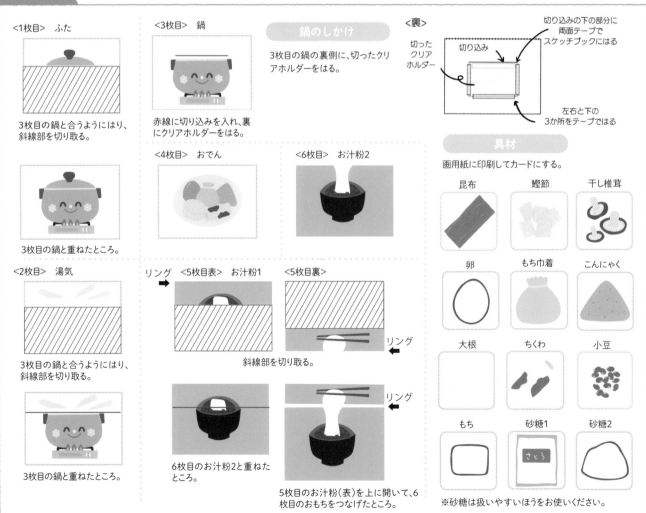

<1枚目> ふた
3枚目の鍋と合うようにはり、斜線部を切り取る。
3枚目の鍋と重ねたところ。

<2枚目> 湯気
3枚目の鍋と合うようにはり、斜線部を切り取る。
3枚目の鍋と重ねたところ。

<3枚目> 鍋
赤線に切り込みを入れ、裏にクリアホルダーをはる。

鍋のしかけ
3枚目の鍋の裏側に、切ったクリアホルダーをはる。

<4枚目> おでん

<5枚目表> お汁粉1 リング
斜線部を切り取る。
6枚目のお汁粉2と重ねたところ。

<5枚目裏> リング
5枚目のお汁粉（表）を上に開いて、6枚目のおもちをつなげたところ。

<6枚目> お汁粉2

<裏>
切ったクリアホルダー
切り込み
切り込みの下の部分に両面テープでスケッチブックにはる
左右と下の3か所をテープではる

具材
画用紙に印刷してカードにする。

昆布　鰹節　干し椎茸
卵　もち巾着　こんにゃく
大根　ちくわ　小豆
もち　砂糖1　砂糖2

さとう

※砂糖は扱いやすいほうをお使いください。

シアターの前に、保育者が食べたものや、子どもの家庭や園での食事体験を話題にし、食材に興味をもてるような言葉をかけましょう。

① 「みんな、昨日の夕ご飯は何を食べた？」……（やりとりをする）
「わあ、それはおいしそう！　先生はお鍋を使って、煮込みうどんを作って食べたよ。寒い冬には、あたたかい鍋料理を食べたいね！」

② 「今日はみんなで、冬にぴったりな鍋のお料理をしよう！」

演じ方 ※作る工程は、子どもにわかりやすいよう簡略化しています。

① **昆布、鰹節、干し椎茸を用意する。**
3枚目の鍋を出す。

なべこ▶私、お鍋のなべこちゃん。あったかいお料理を作るのが得意なの！
今日は寒い冬にぴったりなおいしいものを、みんなで一緒に作りましょう。
まずは、お水を入れて…。昆布、鰹節、干し椎茸を入れて出汁をとるよ。

鍋の切り込みに、昆布、鰹節、干し椎茸を入れる。

② **戻すようにめくって、2枚目の湯気を出す。**

なべこ▶出汁っていい匂いがして、お料理がとってもおいしくなるの。
出汁ができたら、卵、もち巾着、こんにゃく、大根、ちくわを入れるよ。

鍋の切り込みに、卵、もち巾着、こんにゃく、大根、ちくわを入れる。

③

なべこ▶ふふふ、あとは、お鍋にふたをして、ぐつぐつ煮込んでいくよ。

戻すようにめくって、1枚目のふたを出す。

なべこ▶みんな、何ができるかわかったかな？

子どもたちに問いかける。

なべこ▶そう、あつあつのおでんを作っているの。

④

なべこ▶おでんがおいしくできるように、みんなで一緒に歌いましょう。

子どもたちと一緒に「♪大きなお鍋で作ってみよう！」（p.72）を歌う。保育者は、歌のリズムに合わせてスケッチブックを揺らす。

♪あつあつ　おなべ　ぐつぐつ
ことこと　きこえるよ
もういいかい　まあだだよ
あつあつ　おなべ　ぐつぐつ
ことこと　きこえるよ
もういいかい　もういいよ
さあできあがり

5

1～3枚目を一緒にめくって、4枚目の
おでんを出す。

なべこ▶お皿に盛りつけておいしいお
でんのできあがり！

保育者▶わあ、おいしそう！　いただき
ます！
まずは、卵から…味が染みていておい
しい！　次は大根にしようかな。
みんなは何が食べたい？

子どもたちとやりとりをする。

6

戻すようにめくって、3枚目の鍋を
出す。

保育者▶なべこちゃん、今度は甘く
ておいしいものを作れる？

なべこ▶もちろんよ！
私に任せて！
お水に小豆とお砂糖とおもちを入れ
て、グツグツ煮込むよ。

**鍋の切り込みに、小豆、砂糖、もち
を入れる。**

※砂糖1の場合は
振りかけるまね
をする。

⑦

戻すようにめくって、1枚目のふた
を出す。

保育者▶小豆とお砂糖とおもち…も
しかして！
おいしくできるようにみんなでもう
一度、歌をうたおうか。

⑧

子どもたちと一緒に歌う。
保育者は、歌のリズムに合わせて
スケッチブックを揺らす。

♪あつあつ　おなべ　ぐつぐつ
　ことこと　きこえるよ
　もういいかい　まあだだよ
　あつあつ　おなべ　ぐつぐつ
　ことこと　きこえるよ
　もういいかい　もういいよ
　さあできあがり

保育者▶んー！　甘くていい匂いが
してきたね。
なべこちゃんが作ってくれたのって
お汁粉だよね！

9

1～4枚目を一緒にめくって、5枚目のお汁粉を出す。

なべこ▶ふふふ、大正解！　あつあつだから気をつけて食べてね。

保育者▶フーフーしてから食べようか。フーフー、いただきます。

10

5枚目を上に開く。

保育者▶おもちがびよよよよんってのびて、とってもおいしいよ。なべこちゃん、今日はありがとう！

なべこ▶どういたしまして。

おしまい

① # 大きなお鍋で作ってみよう！

お鍋で料理ができあがる様子を表現した歌です。食育活動のきっかけにもなります。

対象 0・1・2・3・4・5歳児

遊び方 リピートがあってちょっと長めの曲ですが、「もういいかい」「まあだだよ」のやりとりを楽しみましょう。0・1歳児は、保育者の膝にのせ、子どもを鍋に見立てて行います。

♪あつあつおなべ

❶体の前で手を合わせ、両手で鍋を作る。

♪ぐつぐつ　ことこと

❷❶の状態のまま、左右に揺れる。

♪きこえるよ

❸両手を耳に当て、耳を澄ますポーズ。

♪もういいかい　まあだだよ

❹両手を口のそばに当て、「まあだだよ」で片手を左右に振る。

♪もういいかい　もういいよ

❺両手を口のそばに当てる。

♪さあできあがり

❻手を5回たたき、手を前に出し、「どうぞ」のポーズ。

大きなお鍋で作ってみよう！

作詞・作曲：松本さや　編曲：こぱん

あつあつ　おなべ　ぐつぐつ　ことこと　きこえる　よ　もう　いい　かい

まあ　だ　だ　よ
もう　い　い　よ

さあ　で　き　あ　が　り

② あつあつお鍋

鍋ができあがるたびに、具材役が隣にどんどん動いていくのが楽しい遊びです。

対象 3・4・5歳児

遊び方

① 鍋役2人と具材役1人の3人組になる。鍋役が手をつないで輪を作り、その中に具材役が入る。それぞれの組が輪になるように並ぶ。

② みんなで「♪大きなお鍋で作ってみよう！」(p.72) を歌いながら、鍋役は息を合わせて左右に腕を振り、具材役も一緒に動く。

③ 「さあできあがり」で、鍋役は一方の手を離して具材役をゆっくり押し出す。具材役は隣へ行き、また輪の中に入って繰り返す。

両手をつないだ
2人組の中に
1人入る

♪あつあつ
おなべ

♪ぐつぐつ
ことこと

♪さあ
できあがり

ポイント

初めはタイミングが合わないことがありますが、歌に合わせて繰り返すうちに3人の息が合ってきます。自分たちだけでなく全体がきれいに移動できると、達成感もあります！ 異年齢で行う場合、3歳児は具材役で始めるとよいでしょう。

③ 製作

① スポンジスタンプのお汁粉

子どもが持ちやすい大きさのスポンジでおもちをスタンプ。おもちが引き立つ紙を選びましょう。

対象 1・2歳児　準備するもの 柄色紙／画用紙／

スポンジ／絵の具

作り方 ➡型紙

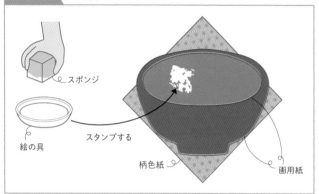

- スポンジ
- 絵の具
- スタンプする
- 柄色紙
- 画用紙

② 落ち葉と木の実のスープ

紙皿に持ち手をつけた鍋に、子どもがお散歩で拾った落ち葉や木の実を入れ、おいしいスープを作ります！

対象 0・1・2歳児　準備するもの 紙皿（カラー）／

画用紙／木の実や落ち葉

作り方

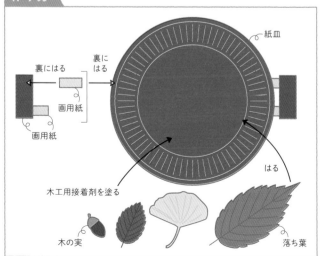

- 紙皿
- 裏にはる
- 裏にはる
- 画用紙
- 画用紙
- はる
- 木工用接着剤を塗る
- 木の実
- 落ち葉

③ ちぎり絵のぽかぽかシチュー

どんなシチューが食べたいかを子どもたちが考えながら、ちぎり絵で作ります。

対象 3・4・5歳児　**準備するもの** 画用紙／丸シール／色紙／絵の具

作り方 ➡型紙

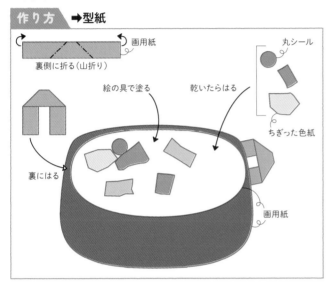

画用紙

裏側に折る（山折り）

丸シール

絵の具で塗る

乾いたらはる

ちぎった色紙

裏にはる

画用紙

---

④ 具材いろいろ！おでん

廃材なども利用して立体的な具材を考え、子どもたちそれぞれのオリジナルおでんを作りましょう。

対象 4・5歳児　**準備するもの** 画用紙／色紙／茶封筒／ティッシュペーパー／毛糸／紙皿（深め）／糸／ペン

作り方

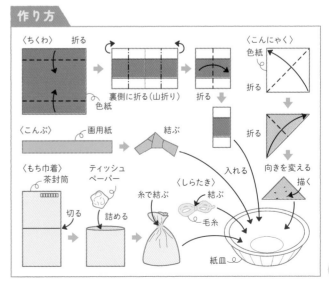

〈ちくわ〉　折る

色紙

裏側に折る（山折り）

折る

〈こんにゃく〉

色紙

折る

折る

向きを変える

描く

〈こんぶ〉　画用紙

結ぶ

〈もち巾着〉

茶封筒

ティッシュペーパー

切る

詰める

糸で結ぶ

〈しらたき〉

結ぶ

毛糸

入れる

紙皿

冬の小物屋さん

冬の季節を感じることをテーマにしています。小物屋さんでの買い物を通して、「はい、どうぞ」「ありがとう」のコミュニケーションも楽しみながら、心も体もあたためましょう。

1 パネルシアター

作品のねらい 2・3歳児：気温の変化を通して、冬の季節を感じる。
4・5歳児：物語を通して、感謝されたり誰かの役に立ったりすることを喜ぶ。

対象 2・3・4・5歳児　**時間** 10～15分

準備するもの 絵を印刷したパネルシアター用不織布、パネル布

作り方　**共通**▶パネルシアター用不織布に絵を印刷し、切り取る。小物（★）には、裏にパネル布をはる。

●たぬき

●ねずみ
（チュー子とチュー太郎）

★マフラー

●小物屋さん

★はらまき

★手袋

●きりん

●さる

●うさぎ

●くま

注意

● イラストのPDFデータは、インクジェットプリンタ専用不織布に直接印刷しましょう。
※インクジェットプリンタ専用不織布をコピー機やレーザープリンタで印刷すると、故障の原因になります。

★耳当て

★靴下

★帽子

導入

シアターの前に、季節の変化を感じられる言葉をかけましょう。寒い日はどうしたらいいのか、手洗いやうがいなど、健康について話題を広げてもいいですね。

① 「冬になって毎日寒い日が続くよね。かぜをひかないようにしたいよね。みんなは寒い時どうする？」……（やりとりをする）

② 「そうだね。手袋をしたり、マフラーを巻いたりすると、寒くないね。今日は、あたたかい小物を売っている小物屋さんのお話をするよ」

演じ方

① **小物屋さんと小物をはっておく。**

小物屋さん▶ここは冬の小物屋さん。
みんなをあたたかくする小物をたくさん売っているよ。
今日はこの冬一番の寒さ。
みんな買い物に来てくれるかな？

保育者が「♪冬の小物屋さん」（p.82）を歌う。

♪こんこんゆきが　ふってきた
　さむいさむい　ふゆのひは
　あったかこものを　とどけよう

さ、さ、寒いよー！

② **さるをはる。**

さる▶さ、さ、寒いよー！
自慢の耳がとっても寒くて困ったな。
何かぼくにぴったりの小物はあるかな？

小物屋さん▶おさるさん、いらっしゃい！
んー、耳をあたためるのにはこれがぴったりだよ。

③ **耳当てをさるに重ねてはる。**

さる▶これで寒い冬もへっちゃらだよ。
小物屋さん、ありがとう。

小物屋さん▶どういたしまして。

④ **小物屋さん▶**次のお客さんは誰かな？

たぬき▶ポンポコポン、ポンポコポン…。

たぬきをはる。

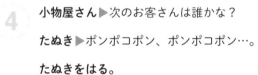

⑤ **小物屋さん▶**たぬきさん、いらっしゃい。

たぬき▶ぼくの自慢のおなかをあたためるのに、
ぴったりの小物はあるかな？

小物屋さん▶んー。たぬきさんのおなかをあたためる
には…これがおすすめだよ。

はらまきをたぬきに重ねてはる。

たぬき▶ポンポコポン！
おなかがあったかくていい感じ。
小物屋さん、ありがとう。

小物屋さん▶どういたしまして。

6

ねずみたち▶チューチュー。寒いチュー。

ねずみをはる。

小物屋さん▶双子ねずみのチュー子さんとチュー太郎さん、いらっしゃい。

チュー太郎▶小物屋さん、何かぼくたちにぴったりの小物はあるかな？

小物屋さん▶んー、そうだな、2人にぴったりなのは…この手袋はどうかな？

チュー子▶この手袋、私たちには大きすぎるみたい。

寒いチュー。

7

小物屋さん▶ふふふ、とっておきの使い方があるよ。この手袋を、こんなふうに寝袋にして使うんだよ！

手袋をねずみに重ねてはる。

チュー太郎▶わぁ、本当だ！　あたたかいね。

チュー子▶これで寒い冬の夜もへっちゃらだね。小物屋さん、ありがとう。

小物屋さん▶どういたしまして。気に入ってもらえてよかったよ。

8

くまをはる。

くま▶ブルブルブル…！
今日はこの冬一番の寒さだね。
小物屋さん、何かぼくにぴったりの小物はあるかな？

小物屋さん▶くまさんにぴったりの帽子があるよ。
はい、どうぞ。

ブルブルブル…！

⑨ **帽子をくまに重ねてはる。**

くま▶ありがとう！　気に入ったよ！

小物屋さん▶どういたしまして。

⑩ **うさぎをはる。**

うさぎ▶ピョンピョンピョン。

小物屋さん▶うさぎさん、そんなに慌ててどうしたの？

うさぎ▶帽子はあるかしら。

小物屋さん▶帽子、帽子…うさぎさんごめんね。ちょうど今、売れちゃったんだ。

うさぎ▶そう、残念…。

小物屋さん▶あ、いいこと思いついた！
このモコモコ靴下を…こうして、こうして…。

ピョンピョンピョン。

⑪ **靴下をうさぎの耳に重ねてはる。**

小物屋さん▶じゃじゃーん！
うさぎさんの耳にぴったりだよ！

うさぎ▶本当だ！　あたたかくて、それにモコモコでとってもかわいいね！
小物屋さん、どうもありがとう。

小物屋さん▶どういたしまして。

12

きりんをはる。

きりん▶ 寒い寒い、ぼくの長い首が寒くて寒くてたまらない！

小物屋さん▶ きりんさん、いらっしゃい！

きりん▶ ぼくのこの長ーい首にも巻けるマフラーはあるかな？

小物屋さん▶ きりんさんの首は長くて、普通のマフラーじゃ短いもんね。
そうだ！　ちょうどマフラーが5つ残ってたの。これをこうして…。

マフラーをきりんの首に重ねてはっていく。

長い首が
寒くてたまらない！

13

きりん▶ カラフルなマフラーで首があったかいよ！
小物屋さん、ありがとう。

小物屋さん▶ どういたしまして。
みんなのありがとうを聞いた私の心もあたたかくなったよ。
みんな、ありがとう！

おしまい

① 冬の小物屋さん

心も体もぽかぽかしてくる楽しい歌です。体を大きく動かして行います。

対象 0・1・2・3・4・5歳児

遊び方 1人でも行えますが、何人か並んで、最後に隣の子にくっつくようにすると、あたたかさが伝わり、より盛り上がります。0・1・2歳児の場合は、保育者が子どもと向かい合い、❸と❹の部分を子どもに行います。

♪こんこんゆきが　ふってきた

❶両手を上げ、ひらひらさせながら下ろす。

♪さむいさむい

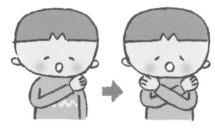

❷一方の手を肩に、もう一方の手を反対側の肩にあてる。

♪ふゆのひは

❸交差したまま、腕をこする。

♪あったかこものを

❹一方の手をほおに当て、「こものを」でもう一方の手をほおに当てる。

♪とどけよう

❺そのまま傾く。
★この時、隣の子にくっついても楽しい。

冬の小物屋さん

作詞：松本さや　作曲：こぱん

② 小物はいかが？

小物屋さんがお客さんにタッチして、小物屋さんをどんどん増やしていく遊びです。

対象 3・4・5歳児

遊び方

❶ 小物屋さん役を1人決める。

❷ 残りの子はお客さんになり、こごえるポーズをしながら、好きな場所で座って待つ。

❸ 保育者が歌う「♪冬の小物屋さん」(p.82)に合わせて、小物屋さんは自由に動く。

❹ 歌が終わったら、小物屋さんはお客さんに、「はい、どうぞ」とタッチする。

❺ タッチされたお客さんは、「ありがとう」と言い、小物屋さんになる。

❻ ❸〜❺を繰り返して小物屋さんをどんどん増やし、お客さん役がいなくなるまで行う。小物屋さんの数がお客さんの数を上回ったら、複数の小物屋さんが同じお客さんにタッチする。

♪こんこん ゆきが〜

ありがとう！　はい、どうぞ

はい、どうぞ

ありがとう！

ありがとう！

はい、どうぞ

はい、どうぞ

ありがとう！

ポイント

「どうぞ」「ありがとう」のコミュニケーションを楽しみます。仲のいい子のところに行きがちなので、「寒そうにしている人に、小物屋さんが来てくれるよ」などと全体に言葉をかけましょう。みんなが来てくれるから、最後に残っても楽しいです。

① デカルコマニーミトン

子どもがデカルコマニーを楽しんだら、ミトンの形に切って、太めの毛糸でつないで飾りましょう。

対象 0・1・2歳児 　準備するもの 画用紙／毛糸／絵の具

作り方 ➡型紙

絵の具を垂らす　絵の具
折っておさえる
画用紙
開く

乾いたら切り取る
画用紙
はる
毛糸
木工用接着剤ではる

② あったかフリンジソックス

短く切った毛糸を、子どもが靴下の上に散らすと、ふわふわフリンジ風に。作品を吊るしてガーランドに。

対象 0・1・2歳児 　準備するもの 画用紙／毛糸／糸／
木製クリップ

作り方 ➡型紙

上に散らす
両面テープ
細く切った毛糸
画用紙
木製クリップ
挟む
糸

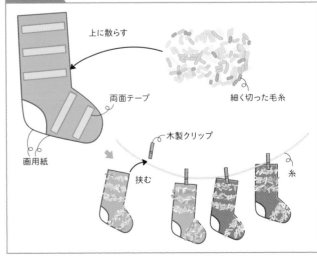

③ はじき絵ニット帽

白いクレヨンで模様を描き、淡い色で塗るはじき絵。優しい印象の作品に仕上がります。

(対象) 3・4・5歳児　(準備するもの) 画用紙／ボン天／
絵の具／クレヨン

作り方 ➡型紙

画用紙

クレヨンで
模様を
描く

絵の具で
色を塗り、
乾いてから
切りとる

はる

ボン天

④ ローラーでしましまマフラー

いろいろな太さの毛糸を用意しておき、子どもがローラーの巻き方をかえて取り組めるようにしましょう。

(対象) 4・5歳児　(準備するもの) 画用紙／紙芯／
毛糸／絵の具

作り方

紙芯

毛糸

木工用接着剤ではる

絵の具

画用紙

両手で持って転がす

乾いたら穴を開け、毛糸を通す

毛糸

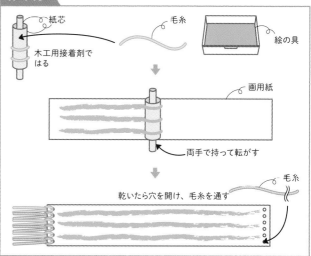

変身ミラー

ドキドキ・ワクワクな魔法の世界。変身をテーマにしています。子どもたちが何に変身したいかを聞いて、想像することから始めてみましょう。

1 スケッチブックシアター

作品のねらい　0・1・2歳児：友だちや保育者と楽しさや驚きなどを共有する。
　　　　　　　　3・4・5歳児：物語の中で、登場人物に何が起きるかを想像しながら楽しむ。

対象　0・1・2・3・4・5歳児　**時間**　10 〜 15分

準備するもの　印刷した絵、スケッチブック

- -

作り方　　**共通▶**印刷した絵を各ページにバランスよくはる。

<1枚目>　鏡

※ミラーシートをはってもよい。

<2枚目>　お母さん

<3枚目>　魔法使い

<4枚目>　お父さん

<5枚目>　忍者

<6枚目>　おばあちゃん

<7枚目>　バレリーナ

<8枚目>　おじいちゃん

<9枚目>　マジシャン

<10枚目>　ねこ

<11枚目>　ライオン

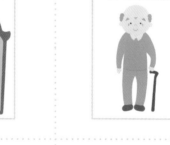

シアターの前に、何に変身してみたいかを子どもたちに聞いてみましょう。子どもの思いを受け止めながら、4・5歳児なら、なぜそうなりたいのか、理由も聞いてみましょう。

① 「みんなは変身できるなら、何になりたい？」……（やりとりをする）
「それはすてきだね！　先生は変身できるなら、困っている人を助ける、かっこいいスーパーヒーローになりたいな」

② 「今日は、鏡に映ると変身しちゃう、不思議なミラーのお話をするよ」

演じ方

① 1枚目を出す。

保育者▶これがうわさの変身ミラー！
今日はこの不思議な変身ミラーで、
いろいろなものに変身しちゃおう！

絵をめくる。

② 保育者▶まず変身するのは、お母さん！
お母さんが鏡に映ると、何に変身するのかな？

保育者が「♪変身ミラー」（p.91）を歌う。

♪へんしんミラー　ふしぎなミラー
　かがみにうつると　へんしんしちゃう
　ひみつのじゅもんを　となえよう
　パピプペポパピプ　パピプペポ

絵をめくる。

③ **保育者▶**なんと、お母さんは魔法使いに変身！

絵をめくる。

④ **保育者▶**次はお父さん！
お父さんは、何に変身するのかな？

保育者が歌う。

♪へんしんミラー　ふしぎなミラー
　かがみにうつると　へんしんしちゃう
　ひみつのじゅもんを　となえよう
　パピプペポパピプ　パピプペポ

絵をめくる。

⑤ **保育者▶**なんと、お父さんは忍者に変身！

絵をめくる。

6 　**保育者**▶次は、おばあちゃん。
おばあちゃんは、何に変身するのかな？

保育者が歌う。

♪へんしんミラー　ふしぎなミラー
　かがみにうつると　へんしんしちゃう
　ひみつのじゅもんを　となえよう
　パピプペポパピプ　パピプペポ

絵をめくる。

7 　**保育者**▶なんと、おばあちゃんはバレリーナに変身！

絵をめくる。

バレリーナに変身！

8 　**保育者**▶次は、おじいちゃん。
おじいちゃんは、何に変身するのかな？

保育者が歌う。

♪へんしんミラー　ふしぎなミラー
　かがみにうつると　へんしんしちゃう
　ひみつのじゅもんを　となえよう
　パピプペポパピプ　パピプペポ

絵をめくる。

⑨ 保育者▶なんと、おじいちゃんはマジシャンに変身！

絵をめくる。

マジシャンに
変身！

⑩ 保育者▶今度は、ペットのねこ！
ねこは何に変身するのかな？

保育者が歌う。

♪へんしんミラー　ふしぎなミラー
　かがみにうつると　へんしんしちゃう
　ひみつのじゅもんを　となえよう
　パピプペポパピプ　パピプペポ

絵をめくる。

⑪ 保育者▶あれー！
ライオンになっちゃった！
今日はたくさんの変身を見ることができて
楽しかったね。

おしまい

ライオンになっちゃった！

2 歌・遊び

① 変身ミラー

「パピプペポ〜」の呪文は早口言葉のようで、まちがっても楽しく、何度も言いたくなります。

対象 0・1・2・3・4・5歳児

遊び方 歌の最後に、「〇〇！」と変身するものを言ってもいいですね。0・1歳児には保育者がやってみせ、⑥の後に手鏡で子どもの顔を映して楽しみます。

♪へんしんミラー

①両手で顔を隠し、「ミラー」で両手を顔の横に移動。

♪ふしぎなミラー

②両手で顔を隠し、「ミラー」で両手を①と反対側へ移動。

♪かがみにうつると

③両手で顔を隠す。

♪へんしんしちゃう

④両手をパーにし、顔の前で上下に動かす。

♪ひみつのじゅもんを　となえよう

⑤片方の人差し指を口に当てる。

♪パピプペポパピプ　パピプペポ

⑥顔の横でくるくる回す。

変身ミラー

作詞：松本さや　作曲：こぱん

② 変身ごっこ

実際は動かないものや架空のものなどをお題にすると、想像力がより必要になり、難易度が上がります。

対象 3・4・5歳児

遊び方

❶ 保育者が歌う「♪変身ミラー」（p.91）に合わせて、子どもたちは自由に歩く。

❷ 「パピプペポパピプ　パピプペポ」と、保育者が呪文を唱えた後に、変身するものを言う。
例：動物、ロボット、電車など。

❸ 保育者はもう一度歌い、子どもは指定のものになりきって、自由に動く。

★呪文を唱えた後に、保育者が子どもを指名し、当てられた子が言ったものに、みんなが変身するようにしても楽しいです。

ポイント

それぞれの子どもの表現を認めながら、「おもしろいね、〇〇ちゃんの動きをまねしてみよう」と遊びを広げましょう。また、「忍者に変身！ここからは静かにね」「ロボットになって片づけをしよう」などと、「変身」を生活の場面で取り入れても楽しいです。

① ステンドグラス風ミラー

ミラーシートをはって、魔法の鏡を作ります。子どもの顔を映して、遊びにつなげましょう。

対象 1・2・3歳児　準備するもの 透明フィルム／画用紙／
透明色紙／ミラーシート

作り方　➡型紙

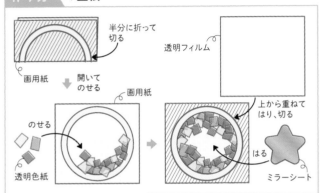

半分に折って切る

画用紙

開いてのせる

透明フィルム

画用紙

のせる

透明色紙

上から重ねてはり、切る

はる

ミラーシート

② 紙コップの着せ替え人形

丸シールやマスキングテープをはって、体（人形の洋服）をたくさん作りましょう。着せ替えが楽しめます。

対象 0・1・2歳児　準備するもの 紙コップ／画用紙／
マスキングテープ／丸シール／ペン

作り方

〈顔〉

画用紙　描く　画用紙

巻いてはる

紙コップ

切る

〈体〉

はる

マスキングテープ

③ バブルアートミラー

バブルアートの台紙とミラーシートは、子どもが不定形に切って、オリジナルミラーを作りましょう。

- -

対象 4・5歳児　**準備するもの** 画用紙／ミラーシート／
紙コップ／シャボン液／絵の具

作り方

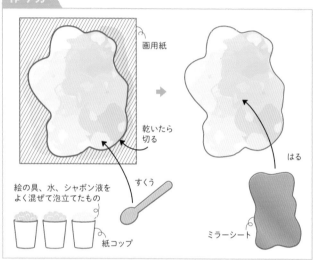

画用紙

乾いたら切る

はる

すくう

絵の具、水、シャボン液を
よく混ぜて泡立てたもの

紙コップ

ミラーシート

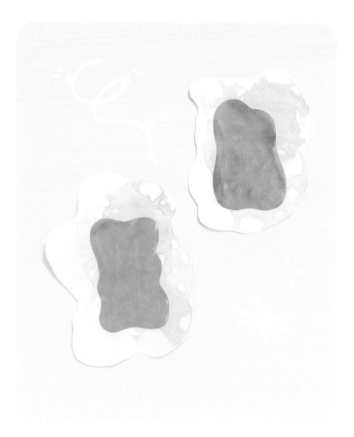

④ 紙皿変身マスク

素材をたくさん用意し、何に変身したいか、子どもがイメージを広げられる言葉かけをして取り組みます。

- -

対象 3・4・5歳児　**準備するもの** 紙皿／画用紙／色紙／
紙ストロー／丸シール／毛糸／ペン

作り方

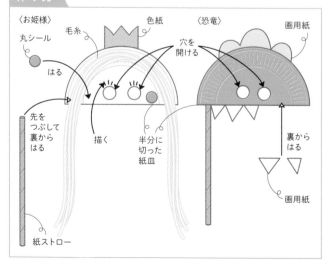

〈お姫様〉

丸シール

毛糸

色紙

〈恐竜〉

画用紙

はる

穴を
開ける

先を
つぶして
裏からはる

描く

半分に
切った
紙皿

裏からはる

画用紙

紙ストロー

かえるのものまね大会

模倣をテーマにしています。保育者と一緒に身近な生き物のまねをしたり、なりきったりすることを楽しみます。子どもの想像力の豊かさを大切にしながら、遊びを広げていきましょう。

1 空き缶シアター

作品のねらい 0・1・2歳児：動物の鳴き声におもしろさを感じ、興味・関心を深める。
3・4・5歳児：物語を通して、数や順番に気がつく。

対象 0・1・2・3・4・5歳児 **時間** 5〜10分

準備するもの 印刷した絵、空き缶

- -

作り方 **共通**▶印刷した絵を空き缶にバランスよくはる。

●マイク

●サンサン

●イッチ

●ヨッピ

●ニック

●ゴーゴー

導入

シアターの前に、いぬやねこなど、身近な動物のまねっこをいくつか取り入れ、クイズ形式で子どもたちとやりとりをしましょう。最後にかえるのまねをして、シアターにつなげます。

① 「みんなはものまねって知ってる？　先生がものまねをするから、なんのものまねかを当ててね。ワンワン！」……（やりとりをする）
「そう、いぬ！　じゃあ今度は…」……（いくつか行う）

② 「ケロケロ、ケロケロ」……（やりとりをする）
「そう、かえる！　大正解。今日はかえるさんたちが、いろいろなものまねを披露してくれるよ」

演じ方　※0・1・2歳児の場合は、それぞれのかえるのものまねをゆっくり演じます。

① 絵をはった空き缶を、机の下などに置いておく。マイクを持って話す。

保育者▶今日はかえるさんたちのものまね大会です。自慢のものまねを披露してくれるそうですよ。

マイクを置く。

今日はかえるさんたちのものまね大会です。

カーカー

② イッチを出す。

イッチ▶ケロケロ、ケロケロ。

保育者▶まず1番目に登場したのはイッチ。早速、ものまねをどうぞ。

イッチ▶カーカーカー。

保育者▶これは、カラスのものまねですね！

イッチを置き、「♪かえるのものまね大会」（p.100）を歌いながらものまねをする。

♪かえるのものまね　たいかい
　それではどうぞ　さん　に　いち
　カーカーカーカー　カーカーカーカー
　まねっこまねっこ　だいせいこう

3

ニックを出す。

ニック▶ クワックワッ！

保育者▶ 2番目に登場したのはニック。
早速、ものまねをどうぞ！

ニック▶ ニャニャンニャーン。

保育者▶ これはねこのものまねですね！

ニックを置き、「カーカー〜カーカー」の部
分を「ニャンニャン〜ニャンニャン」にか
えて歌いながらものまねをする。

♪かえるのものまね　たいかい
　それではどうぞ　さん　に　いち
　ニャンニャンニャンニャン
　ニャンニャンニャンニャン
　まねっこまねっこ　だいせいこう

4

サンサンを出す。

サンサン▶ ゲコゲコ。

保育者▶ 3番目に登場したのはサンサン。
早速、ものまねをどうぞ！

サンサン▶ メェーメェーメェーメェー。

保育者▶ これはひつじのものまねですね！

サンサンを置き、「カーカー〜カーカー」
の部分を「メェーメェー〜メェーメェー」
にかえて歌いながらものまねをする。

♪かえるのものまね　たいかい
　それではどうぞ　さん　に　いち
　メェーメェーメェーメェー
　メェーメェーメェーメェー
　まねっこまねっこ　だいせいこう

⑤

ヨッピを出す。

ヨッピ▶ケケケケ。

保育者▶4番目に登場したのはヨッピ。
早速、ものまねをどうぞ！

ヨッピ▶モーモー。

保育者▶これはウシのものまねですね！

ヨッピを置き、「カーカー〜カーカー」
の部分を「モーモー〜モーモー」にかえ
て歌いながらものまねをする。

♪かえるのものまね　たいかい
　それではどうぞ　さん　に　いち
　モーモーモーモー　モーモーモーモー
　まねっこまねっこ　だいせいこう

モーモー

パオーン
パオーン

⑥

ゴーゴーを出す。

ゴーゴー▶ケロケロケロロン。

保育者▶5番目に登場したのはゴーゴー！
早速、ものまねをどうぞ！

ゴーゴー▶パオーン、パオーン。

保育者▶これはぞうのものまねですね！

ゴーゴーを置き、「カーカー〜カーカー」
の部分を「パオーン〜パオーン」にかえて
歌いながらものまねをする。

♪かえるのものまね　たいかい
　それではどうぞ　さん　に　いち
　パオーンパオーン　パオーンパオーン
　まねっこまねっこ　だいせいこう

⑦

保育者▶最後はみんなでものまねを披露しちゃおう！
みんな、どんな順番だったか覚えてる？

マイクを持ち、子どもたちに問いかける。

保育者▶どんなものまねだったかな？

子どもたちとやりとりする。

どんなものまね
だったかな？

カーカー

ニャンニャン

⑧

保育者▶そうだね、カーカー
ニャンニャン　メェーメェー
モーモー　パオーンパオーンだよね！
それじゃあ、一緒に歌ってね。

子どもと一緒に3、5、6小節の歌詞をかえて歌う。

♪かえるのものまね　たいかい
　みんなまとめて　さん　に　いち
　カーカー　ニャンニャン
　メェー　モー
　パオーン
　まねっこまねっこ　だいせいこう

保育者▶みんなでかえるさんたちに拍手！

おしまい

① かえるのものまね大会

子どもたちが大好きなまねっこ遊びです。最初はシアターに出てきた動物からやってみます。

対象 0・1・2・3・4・5歳児

遊び方 鳴き声と一緒に、動物の動きも行います。0・1・2歳児の場合は、保育者が子どもと向かい合い、**6**の部分を子どもの手を取って行います。

♪かえるのものまね

❶体の前で両手をグーにし、グーパーを4回行う。

♪たいかい

❷体を揺らしながら、両手でグーパーを2回行う。

♪それではどうぞ

❸両手をパーにして前に出す。

♪さん に いち

❹顔の横で、指でカウントする。

♪カーカー〜カーカー

❺ものまねをする。

♪まねっこまねっこ だいせいこう

❻腕を自由に振り、「だいせいこう」で両手を上げる。

かえるのものまね大会

作詞・作曲：松本さや 編曲：こぱん

② ものまねおにごっこ

おににつかまった子は、おにが指定した動物のまねをします。「こおりおに」の要領で楽しめます。

対象 3・4・5歳児

遊び方

❶ 逃げられる範囲を設定する。

❷ おに役を決め、おにが、ものまねする動物を指定する。

❸ 保育者が、「♪かえるのものまね大会」（p.100）の「カーカー〜 カーカー」部分を指定された動物の鳴き声にかえて歌う間、ほかの子は逃げる。
※「10数える間」としても。

❹ 歌が終わったら、おには逃げる子を追いかけ、タッチする。タッチされた子はその場で指定された動物のものまねをし、その場で静止する。

❺ おにはほかの子をどんどんタッチしに行くが、静止している子は、ほかの子にタッチしてもらうことでまた逃げることができる。

❻ 全員にタッチすることができたらおにの勝ち。全員にタッチするのが難しいような場合は、制限時間を設けて行う。

ねこ！

♪かえるの〜

待てー タッチ！

キャー

逃げろー！

ニャー ニャー

つかまえた！

ポイント

つかまると、ものまねをするのが楽しいおにごっこです。広い場所で行いましょう。みんながかえるになりきり、かえる跳びで行うルールにすると、狭い場所でも楽しめます。安全に配慮して行いましょう。

① 手形・足形かえる

子どもの手形と足形、両方をいかしたかえるです。かわいい成長の記録として作ります。

対象 0・1・2歳児　**準備するもの** 画用紙／丸シール／絵の具／ペン

作り方 ➡型紙

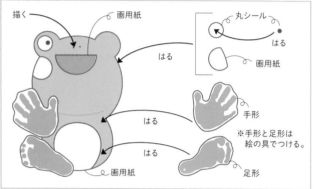

描く／画用紙／丸シール／はる／画用紙／はる／手形／はる／※手形と足形は絵の具でつける。／画用紙／はる／足形

② 動物お面

画用紙と丸シールで作る、シンプルなお面です。1・2歳児は紅白帽にかぶせても。

対象 1・2・3歳児　**準備するもの** 画用紙／丸シール／輪ゴム

作り方 ➡型紙

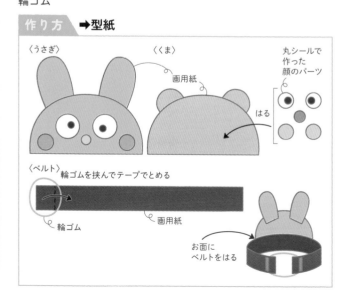

〈うさぎ〉　〈くま〉　画用紙　丸シールで作った顔のパーツ　はる

〈ベルト〉輪ゴムを挟んでテープでとめる

輪ゴム　画用紙

お面にベルトをはる

③ 丸から発想！まねっこ動物

丸い形だけを用意し、子どもが丸からいろいろな動物を
想像して作ります。

対象 4・5歳児　**準備するもの** 画用紙／クレヨン

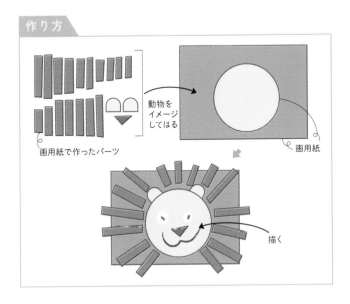

作り方

画用紙で作ったパーツ

動物をイメージしてはる

画用紙

描く

④ 紙芯のゆらゆらかえる

振ると、じゃばらに折ったあしがゆらゆら揺れるので、
作った後も遊べる製作です。

対象 3・4・5歳児　**準備するもの** 紙芯／色紙／画用紙／
紙ストロー／ペン

作り方 →型紙

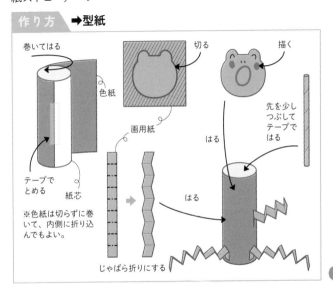

巻いてはる

切る

描く

色紙

画用紙

先を少しつぶしてテープではる

はる

テープでとめる

紙芯

※色紙は切らずに巻いて、内側に折り込んでもよい。

じゃばら折りにする

はる

103

●著
松本さや （現役保育士345）
<ruby>345<rt>みよこ</rt></ruby>

大学を卒業後、幼稚園勤務を経て現在は保育士として都内の保育園に勤務。0歳児から5歳児まで全クラス担任経験があり、その経験をいかし、2020年5月よりInstagramで保育に関する情報の発信を開始。手作りのシアターやオリジナルの製作アイディアが人気となり、現在フォロワー数10.5万人超え（2024年1月現在）。全国の保育者に「保育って楽しい！」と思ってもらえるよう発信を続けている。

@HOICU.345

●楽曲制作協力　こぱん

音楽大学ピアノ科を卒業後、一般職を経て、ヤマハ音楽教室システム講師として10年勤務。これまで500人以上の親子にピアノのレッスンを行う。現在はオンラインでピアノ講師をしながら、もっとたくさんの方にピアノの楽しさを届けるべく、イベントを開催。一方で、2020年頃からInstagramやYouTubeでピアノについての発信を開始。ピアノが上手に弾けるコツ、保育者向けにアレンジした楽譜などを紹介して人気を博している。

@COPAN_MUSIC

こちらで、本書の音源を公開中！

こぱんピアノ…… https://www.youtube.com/channel/UCEcFeUx3SGua9ql1laRVZaQ

●本文イラスト … 中小路ムツヨ　アキタヒロミ　松山絢菜　松本さや
●素材イラスト … 松本さや
●製作 … 松本さや
●撮影 … 斎藤秀明
●デザイン … 有泉武己
●校閲 … 株式会社麦秋アートセンター
●楽譜校閲 … 岡田陽子
●衣装提供 … 株式会社エレグランス

遊びがつながる・広がる！シアター12か月
2024年3月5日　第1刷発行

著　者　　松本さや
発行人　　土屋 徹
編集人　　滝口勝弘
発行所　　株式会社Gakken
　　　　　〒141-8416　東京都品川区西五反田2-11-8
印刷所　　中央精版印刷株式会社
編　集　　猿山智子

●この本に関する各種お問い合わせ先
本の内容については、下記サイトのお問い合わせフォームよりお願いします。
https://www.corp-gakken.co.jp/contact/
【書店購入の場合】
在庫については　Tel 03-6431-1250（販売部）
不良品（落丁、乱丁）については　Tel 0570-000577
学研業務センター　〒354-0045　埼玉県入間郡三芳町上富279-1
【代理店購入の場合】
在庫、不良品（落丁、乱丁）については　Tel 03-6431-1165（事業部直通）
上記以外のお問い合わせは　Tel 0570-056-710（学研グループ総合案内）

© Saya Matsumoto
本書の無断転載、複製、複写（コピー）、翻訳を禁じます。本書を代行業者等の第三者に依頼してスキャンやデジタル化することは、たとえ個人や家庭内の利用であっても、著作権法上、認められておりません。

●学研グループの書籍・雑誌についての新刊情報・詳細情報は、下記をご覧ください。
学研出版サイト　https://hon.gakken.jp/

伴奏譜集

子どもたちが歌いやすいように、保育者が弾きやすいように意識して

アレンジしてあります。本文の右手楽譜（コードつき）に比べて、より

シアターのイメージに合わせた、ちょっとおしゃれな伴奏になっています。

テンポや強弱はクラスの様子に合わせて自由に変えて、目の前の

子どもたちとシアターの時間を楽しんでください。

取り外して使える！
軽く引っ張ると外れます。

※伴奏譜には、一部オンコードを示しています。
演奏する際の参考にしてください。

こんな時、どんな顔？

作詞：松本さや　作曲：松本さや・こぱん

わらった か おは　どんな かお　わらった か おは　どんな かお

わらった か おは　どんな かお　さん に　いち こんな か お

うれしい楽しい春が来た

作詞：松本さや　作曲：こぱん

うれしいたのしい　はるがきた　うれしいたのしい　はるがきた

はる　はる　はるるるる　さくらがさきまし　た　パッ

夏に食べたいもの、なあに？

作詞・作曲：松本さや　編曲：こぱん

あつ　いあつ　い　なつがきた

げんきにあそんで　はらぺこだ　きょう　はみんなで　なにたべよう

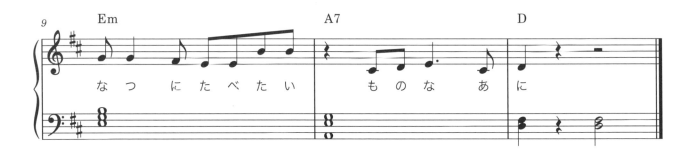

なつ　にたべたい　ものな　あ　に

海の生き物に会えるかな？

作詞：松本さや　作曲：こぱん

うみの　いきものに　あ　えるか　な　ともだちに　なれる　か　な　―

スー　イ　スー　イ　みつけにいこ　う

どんぐりさんの冒険

作詞・作曲：松本さや　編曲：こぱん

この形、なあに？

作詞：松本さや　作曲：こぱん

1.チョキ チョ キ チョッ キン　チョキチョキ で

あ ら あ ら ふ し ぎ　な に が で き る か　な

2.パーパー パー パー　パーパー で
3.グーグー グー グー　グーグー で　あらあらふしぎ　なにが できるか　な

大きなお鍋で作ってみよう！

作詞・作曲：松本さや　編曲：こぱん

あつあつ　おなべ　ぐつぐつ　ことこと　きこえる　よ

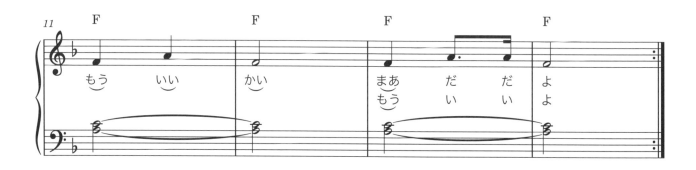

もう　いい　かい　まあ（もう）だい（い）だい（い）　よよ

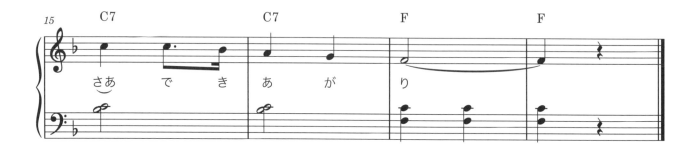

さあ　で（き）きあが　り

冬の小物屋さん

作詞：松本さや　作曲：こぱん

こん こん ゆきが　ふっ てきた

さむ いさむ い　ふゆのひは　あったかこものを　とどけよう

変身ミラー

作詞：松本さや　作曲：こぱん

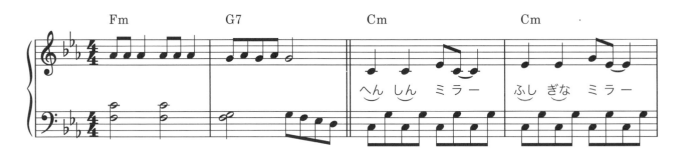

へん しん　ミラー　ふし ぎな　ミラー

かがみにうつると　へん しん　しちゃ ー　う

ひ み つ のじゅもん を　となえよう　パピプペポパピプ　パピプペポ

かえるのものまね大会

作詞・作曲：松本さや　編曲：こぱん

かえるのものまね　た　い　かい　それではどう　ぞ　さん　に　いち

カー　カー　カー　カー　カー　カー　カー　カー　まねっこまねっこ　だい せい こう

Gakken